1945 破曉時刻的台灣

八月十五日後激動的一百天

曾健民◎著

序章

本書所處理的，是一段台灣史上一直處於空白的時期，至今幾乎未有人全面涉入過；它就是從一九四五年八月十五日到翌（一九四六）年一月，一百多天的歷史。這段歷史是台灣的戰前與戰後的交接時期，也是所謂台灣戰後的起點。短短的一百多天，卻是最複雜、最激動，且充滿豐富內容、富有多元啓發性的一段時期。然而，除了十月廿五日的光復節之外（現在連光復節也被取消了），我們一無所知；不但一無所知，甚至還被扭曲了，因爲八月十五日已被「終戰」所取代。

在「八・一五」六十周年的今日，全面整理這段歷史，呈露這段歷史的真相，應該會使我們的紀念更有意義；重新回到戰後歷史的出發點，聽聽歷史現場的歡呼與嘆息，告誡與啓發，更有助於我們向前邁進。

就在三個月前，台灣媒體連日地報導了歐美各國紀念歐戰結束六十周年的盛況，一時間大家似乎又沉浸在第二次世界大戰的氣氛裡；腦際浮現了好萊塢電影的畫面：英勇的美軍、殘酷的德國納粹、悲慘的猶太人，以爲英美軍諾曼地登陸就直接打敗了納粹德國等等。大家好像也一齊度過了「全球化」的歐戰六十周年紀念日。

大家當然不可能想到，當六十年前（一九四五年）的五月八日，納粹德國投降，歐美各國都在熱烈慶祝歐戰勝利的時刻；如烏雲遮日般的美軍B—二四轟炸機群，在五月卅一日正對台灣進行了最慘烈的轟炸，象徵殖民地威權的總督府也被炸毀了一半。「皇民奉公會」被改組成「國民義勇隊」，台灣人全島上下連兒童也不可免，被訓練拿竹槍竹刀誓言擊退「鬼畜英美」，進行「本島決戰」、「全島玉碎」。也正在那時刻，近在咫尺的琉球，在美軍登陸的激烈戰鬥中，有半數的琉球居民喪命，作了日本皇國「本土玉碎」的代祭品。在同時刻，中國抗日戰爭正進行著堅苦的「湘西會戰」；東南亞各地的抗日游擊隊也正苦戰中。整個東亞洲還在二戰的黑夜中。

亞洲的破曉，要遲到當年的八月十五日日本宣布無條件投降才來臨，也就是，對亞洲人民而言，二戰的結束是八月十五日，而不是五月八日。

同時，對亞洲人民而言，第二次世界大戰的意義，除了含有世界共同的反法西斯戰爭的意義之外，更重要的是反抗日本帝國主義的戰爭；而對中國人民而言，它是歷經八年的反抗日本侵略的戰爭。這一點與歐美各國有很大的不同。

當時，台灣作爲日本的殖民地，被日本徹底的軍事總動員，台灣人民不管是人力、人心、人命、財力、物力，都被動員成日本侵略戰爭的一部分，台灣被迫處於日本帝國主義圈，甚至成爲南侵東南亞、華南地區的基地。

因此，日本宣布投降時，台灣的八・一五與亞洲其他地區的八・一五有很大的不同，是十分複雜且充滿矛盾的時刻。八・一五時刻的台灣島上，日人、日軍和台灣人之間，台灣人內部的皇民化階層與大多數台灣人之間，各有不同的八・一五，可說是陷入兩極的精神世界。

能夠清楚認識台灣的八・一五，才不會陷入以歐美爲主的「全球化」的二戰史觀。

四十年來的國民黨制式的「光復」史觀，在十幾年前被民進黨的「終戰」史觀所取代；台灣的八・一五的歷史真相和意義已被掩蔽了近一甲子，早已喪失了八・一五的觀點，誤解、扭曲、偏見取代了一切。每當全世界都在紀念二戰、反省二戰，從二戰中汲取歷史教訓以作爲向前進的火炬時，台灣卻茫然無知，不是靠消費歐美的史觀，就是消費日本的史觀。因此，使我們看不到自己的立腳點，也看不清自己的方向。

六十周年的今天，有必要把被隱蔽的一段歷史還原其真相，更有必要把充滿偏見、誤解的歷史觀矯正過來。因爲這段歷史，雖然是過去的歷史，但仍時刻作用於我們的現實世界。

我們仍生活在八・一五、戰後的世界秩序中；雖然我們已在新的二十一世紀，但仍活在美國霸權的世界秩序中；而其開端，就是在上世紀的一九四五年八月十五日。彼時，美國取代了戰前的英國霸權下的世界秩序，而主導世界至今。只有認清自己的八・一五，才能認清自己的命運。

對台灣而言，一九四五年八月十五日有三個層次的意義：首先，是戰事結束和平來臨；其次，是日本殖民統治終結，民族得到解放；還有，便是復歸祖國，作爲中國民族國家的一省重新出發。因爲在同一時刻有這三層次的大變革，因此台灣的八・一五是複雜的，在世界殖民地史上也是罕見的。再加上五十多萬日人日軍的因素，使歷史又變得更複雜。因爲複雜，所以很難用一個角度、一個觀點去理解；全面掌握史料，全面的、辨證的歷史觀照是很必要的。

歷史就像混聲大合唱一樣，有主調也有和音；八・一五後一百多天的台灣歷史主調，就是台灣民眾高昂的民族情感和民族意識。被日本殖民統治壓抑了五十年的民族情感，隨著日本投降而爆發出來；在八・一五後的數週，先是歡欣中有不安和謹慎（因日人、日警還在），進入了九月，隨著日本投降的局勢已明朗，不安消失了，光復意識完全顯露並漸高揚；到了十月，行政長官公署成立，舉行了慶祝台灣光復大會，熱烈的民族情感達到了最高潮，是台灣現代史上難再復現的一刻。之後，隨著公署在接管、接收工作中產生的問題，以及米價物價騰漲，和人事任用的問題、省籍摩擦問題浮現，批評和失望之情開始出現。到了一九四六年一月，台灣戰後初期的歷史主調開始轉到「民主」問題上去了，開始與大陸上海等地戰後的時代問題有相同的內容。

台灣八・一五後一百多天的歷史特徵，就像詩人、美術家、評論家王白淵在一九四六年一月的一篇評論文〈告外省諸公〉中所說：「台灣之光復，其本質，是徹底的民族革命。」在政治經濟上，國民政府（其代表行政長官公署）接管了日本殖民政權及資產，接收了日資和日產，並遣返了五十萬「日僑」、「日俘」，台灣完全成爲中國民族國家的一省。

另一方面，台灣民眾紛紛自發地組織了許多社會團體，從三民主義青年團、台灣人民協會、台灣人文科學會，一直到婦女運動等等；報章雜誌也如雨後春筍般創刊，呈現百花齊放的榮景，一時出現了市民社會的雛形。並進行了台灣歷史、文化、語言的「復原運動」，以及中國近代歷史、革命、文化的啓蒙運動，出現學習國語的熱潮等等。

可以說，這期間，從政治、經濟到歷史、文化，全面的進行了「去殖民化」和「祖國化」，而這兩者是互為表裡、一體的兩面。這是八・一五後一百多天歷史的重要內涵，也是其未完全達成的時代任務。當然，其原動力主要來自高昂的民族情感。

目次

第一章

惡夜的盡頭

一九三九年九月爆發的第二次世界大戰，捲起了與過去任何時代都不同的戰爭形態；它不僅僅是一場軍事戰爭，而且是一場全面動員了經濟、產業、政治、國民，甚至文化、意識形態的「全國總動員」的戰爭。因此，這場戰爭的規模是空前的，傷亡也是無以數計的；在人類文明史上，首次把文化與意識形態動員成助長殺戮的工具，造成人類物質上和精神上的空前浩劫。

一九四五年五月八日，納粹德國投降，歐洲戰場結束時，亞洲的太平洋戰爭還在如火如荼地激戰中。但是隨著納粹德國的投降，盟軍在太平洋戰區展開總反攻，日本已處於四面楚歌的狀態；表面上高叫「本土決戰」，背後卻透過蘇聯及瑞士等國，向盟軍暗中乞降。一直到八月十五日，日本正式宣布無條件投降爲止，短短的三個月中，亞洲戰場正處於激戰與乞降的交錯時期，黑夜與曙光的交戰期。雖然中、美、英三國提出了勸降的波茨坦宣言，但日本軍方仍負隅抵抗，拒不接受；待象徵人類暴力極致的原子彈出現和蘇聯宣布參戰，歷史才以快速的腳步結束了第二次世界大戰。

作爲日本帝國殖民地的台灣，難逃成爲日本侵略戰爭工具的悲慘命運，不但被動員成世界反法西斯勢力的敵對地區，而且還被動員去敵視祖國、蔑視中國，造成同民族敵對的狀態。在「本島決戰」的口號下，日本軍國主義者搾盡了台灣的人力、物力、財力，以及人命，作爲其遂行侵略戰爭的力量。隨著日本的敗降，留給台灣的，除了滿目瘡痍的都市、停廢的工廠，以及衰退的農業外，便是部分潛在的皇民化意識。這些都成了戰後台灣沉重的負債，社會動盪的原因之一。

第一節　歐戰結束，日本四面楚歌

這個遮蔽了人類的光明和希望，有如險惡暗夜的戰爭，在全世界反法西斯戰線的堅苦戰鬥下，到了一九四五年已漸漸露出曙色。在歐洲戰場上，蘇聯紅軍從東線，美、英、法盟軍從西線，開始聯合夾攻納粹德國的心臟部。這期間，瀕死作困獸之鬥的希特勒，雖曾企圖片面與英、美媾和，阻止蘇聯的進攻，甚至說：「寧把柏林交給美國人、英國人，也不讓俄國人進入柏林。」但他的計謀最後並未實現，而在蘇聯紅軍於五月二日攻克柏林的前數日，四月三十日，卑怯地以自殺結束了曾掀起人類浩劫的罪惡一生。五月八日，納粹德國政府向蘇、美、英、法盟軍無條件投降，歐戰結束。

歐戰結束後，亞洲戰場仍處於勝負未決的激戰中，可說是惡夜盡頭的最黑暗時期。此時，軸心三國中僅存的軍國主義日本，已陷入了四面楚歌的境地。太平洋戰場上的美軍，繼一九四四年六月以慘重的傷亡攻克塞班島後，再度集結重兵，於一九四五年四月一日大舉進攻琉球。日軍認識到，如果琉球失守，美軍逼進其本土，日本將無法扭轉戰局，因此調動重兵應戰。經過八十二天的激戰，美軍占領了該島。估計日軍死傷十一萬五千人，美軍傷亡三萬五千人，而琉球居民卻死傷了二十萬人（當時琉球居民只不過四十萬人，等於在沖繩戰役中死傷了一半）。

在此同時，美軍巨型轟炸機B—二九，從一九四四年十一月開始東從塞班島起飛，西從中國大陸起飛，針對日本本土的都市和工業地帶進行猛烈的轟炸。尤其是在一九四五年三月下旬對東京的大轟炸最為慘烈，東京頓成火海，計燒死十萬人，此後，日本稍具規模的都市亦連遭轟炸，全日本幾成瓦礫，對日本軍國主義者造成了強力的震撼。

在中國抗日戰場上，隨著全世界反法西斯戰爭的節節進展，戰局已轉變為戰略反攻。為統一軍隊的指揮權，國民政府在駐華美軍司令魏德邁的協助下，重整軍隊，於一九四四年十二月廿五日，在昆明成立了「中國陸軍總司令部」，何應欽任總司令兼任參謀總長。進入了一九四五年，在正面戰場上展開了對侵華日軍的全面大反攻；當年五月，湘西會戰勝利後，乘勝追擊，即刻向桂柳地區潰敗日軍進擊，六月，分別收復了南寧、柳州、桂林、福州、馬尾等地。同時，在中國的敵後戰場上，八路軍、新四軍以及游擊隊有力地配合正面戰場和盟軍的作戰，切斷日軍交通線，包圍日軍占領的大多數中心都市，使日軍兵力更加分散，戰線更加延長，陷入中國遼闊的戰場泥淖中。雖然日本也曾通過秘密管道，企圖與國民政府講和，希望國民政府停止抗戰，藉以從泥淖化的中國戰場抽身，全力對付太平洋戰場的英、美盟軍，但並未成功。到了一九四五年七月，百萬的侵華日軍已處於戰略上的全面被動，等待全世界反法西斯戰爭最後勝利的號角響起，他們將全部成爲在中國戰場的「日俘」。

隨著日軍逐漸呈露敗象，同遭日本蹂躪的東南亞各地民族的抗日鬥爭也日漸強大。在越南，以胡志明領導的共產黨爲中心，越南反帝民族解放各派結成了「越盟」（越南獨立同盟），在各地展開游擊戰。日軍侵入緬甸後，緬甸的民族解放各派組成「反法西斯自由聯盟」，抵抗日軍。同樣地，在馬來亞、菲律賓、印尼各地，抗日游擊隊也十分活躍。在這同時，蘇聯也於一九四五年四月五日通知日本，廢除「日蘇中立條約」；日本原本企圖通過這條約，使蘇聯在亞洲戰場上維持中立，免除北方憂患全力應付太平洋戰爭，此刻，就更陷入四面楚歌的困境。實際上，蘇聯早在四月五日之前的二月十一日，就與英、美簽定了「雅爾達密約」（正式名稱是：「蘇美英三國關於日本的協定」）。該密約約定：「蘇、美、英三國領袖同意，在德國投降及歐戰結束後二或三個月內，蘇聯將參加同盟國對日作戰。」而蘇聯同意對日作戰的交換條件是：英、美同意蘇聯在日本投降後，取得一九〇四年日俄戰爭以前在東北的權益，包括旅順、大連、中東鐵路、南滿鐵路，以及南庫頁島和千島群島等。該密約損害了中國主權，直到該年的六月十四日，美國才將其內容通知蔣介石。

被切斷對外交通線的日本，在美軍日夜空襲之下，已陷入山窮水盡的地步；不但兵源和軍用物資日益枯竭，生活用品和糧食也將消耗殆盡，生產停頓無法復工，經濟瀕臨崩潰，民心不安，治安日趨惡化。日本軍國主義指導者已意識到離敗戰之日已不遠。

第二節　高唱「本土決戰」與暗中乞降

在這樣的局勢下，日本以軍方為主的主戰派仍負嵎頑抗，高唱「本土決戰」、「一億玉碎」的口號，加緊搾取日本國內和殖民地的最後一滴資源。從二月到五月的三個月間進行了三次的「兵備動員」，包括學生、老幼病殘以及「在鄉軍人」都被軍事動員。且又公布了「義勇兵役法」，規定必要時得徵召十五歲到六十歲的男子和十七歲到四十歲的婦女，在各地編組成「義勇隊」，訓練民眾用竹槍、竹刀進行「本土決戰」，同時警察和憲兵也加強監控民眾的思想和言論。在這瀰漫著軍方主導的「本土決戰」的血腥氣氛中，日帝高層中已悄悄地出現了「主和派」；以前首相近衛文麿爲主的主和派，於二月十四日上奏日皇裕仁說：「敗戰必然到來，同時也有發生共產革命的危機，它比敗戰更爲恐怖，爲了護持國體，希盡早向英、美講和。」三月，主和派擬定了「和平交涉綱要」，再三強調：「護持國體是絕對的，一步也不能退讓」，並建議「積極努力由蘇聯出面調停，若失敗，立刻與英、美直接交涉」。從五月下旬以來，主和派即積極通過蘇聯大使與史達林之間保持聯繫，請蘇聯出面調停戰事。六月廿九日，日皇發了一封密電給史達林，電報內容是說願結束戰爭，擬派前首相近衛前往莫斯科接洽。可是史達林以「對結束戰爭問題尙無把握」而予以婉拒。七月十三日，日本又發密電到莫斯科，重申相同問題，恰好史達林將出席波茨坦會議，但莫斯科表示：「日本若提出具體條件，可由蘇聯擔當調停工作。」因此詢問日方具體條件為何，以便在波茨坦會議上向同盟國探詢意向。莫斯科方面因等待日方的覆電，史達林延期出發一天。可是日本一直沒有覆電。如果日本當時緊急回覆講和的具體傑作，也許可以避免原子彈的浩劫，也可避免「無條件投降」的悽慘下場，而以「講和」的有利條件「終戰」。

第三節　波茨坦宣言與日本投降

瀕臨戰爭終末期的日本軍國主義，如前所述，是在高唱「本土決戰」與暗中乞降之間進行的，而美國則採取了作戰與「誘降」的兩手策略。美國預估到，如果在日本本土決戰使日本屈服，將犧牲五十萬美國人的生命；而且也曾預估，使日本投降的日期將會拖延至一九四六年的十一月十五日。同時，美國也認識到，要日本投降的最大障礙，在是否保留「天皇制」國家的這一問題上；如果能保證繼續保有日皇制「護持國體」，則易使日本屈服。因此，美國不斷透過廣播向日本進行誘降工作。

一九四五年七月十六日，美國在新墨西哥州的沙漠中進行的第一顆原子彈試爆成功，這消息馬上向正在德國波茨坦準備開會的杜魯門總統報告，杜魯門興奮地認爲：「我們的絕對機密和最大膽的作戰計畫實現了，我們現在擁有一項武器，它不但能徹底扭轉戰局，而且能改變歷史和文明的方向。」此消息發表後，最感吃驚的莫過於史達林，因爲他知道如果將原子彈投向日本，日本將馬上投降。這促成了史達林盡速對日宣戰的決心。

七月廿六日，以中、美、英三國共同宣言的形式，發出了促令日本無條件投降的「波茨坦宣言」。宣言指出：

欺騙及錯誤領導日本人民，使其妄欲侵服世界者之威權及勢力，必須永久剷除。蓋吾人堅持，非將窮兵黷武主義驅出世界，則和平安全及正義新秩序，勢不可能。

開羅宣言之條件，必將實施。而日本之主權必將限於本州、四國、九州、北海道，及吾人所決定其他小島之內。

吾人警告日本政府，立即宣布所有日本武裝部隊，無條件投降；並對此種行動有意實行，予以適當之各項保證，除此一途，日本即將迅速完全毀滅。

依波茨坦宣言，日本所霸占的中國東北、台灣、澎湖列島等地必須歸還中國。對中、美、英三國發出的波茨坦宣言，鈴木內閣採取了不理不睬的態度，這當然是出於軍方的主張。當時日本仍寄望於莫斯科方面，能代爲斡旋講和，並且想利用美、蘇之間的矛盾，爭取有利於日本的和平條件。然而，八月六日，日本還在翹首西望等待蘇聯的好消息時，原子彈已在廣島投下，造成了人類有史以來最大規模的傷亡。八月八日夜，蘇聯對日宣戰並宣布參加波茨坦宣言；八月九日零時，一百五十萬的蘇聯大軍如怒濤般從東北的東部、北部、西部三方向突破邊境，向日本關東軍進擊；不及一周，被視爲日本最精銳的關東軍全軍潰敗，棄甲曳兵爭先逃亡。同日，美軍又在長崎投下了第二顆原子彈。當天夜裡，日本的戰爭指導者在日皇宮中地下室緊急召開了「御前會議」，主和派主張保留天皇制而服從波茨坦宣言。但是，主戰的軍方代表阿南陸軍總司令卻提出了等於是拒絕波茨坦宣言的四條件：

一、維持天皇制

二、敵軍勿在本土上陸

三、海外日軍的撤回，由日本自行執行

四、日本自行處分戰犯。

主和派與主戰派爭持不決，最後由日皇裁定採主和派意見，接受同盟國所提出的波茨坦宣言及條件。

八月十日晨，日本政府通過中立國瑞士、瑞典，向中、美、英、蘇四國提出接受波茨坦宣言的照會，該照會特別提出了：「惟帝國政府，認爲該宣言不包括改變天皇統治國家大權之要求」，也就是「保留天皇制」爲接受波茨坦宣言的前提。美國收到照會後，針對日本「保留天皇制」的問題覆電說：「從投降時刻起，日本天皇和日本政府統治國家的權力即須聽從盟國最高元帥之命令」、「日本政府的最後形式將按照波茨坦宣言，依日本人民自由表達的意志確定之」等。美國實質上承認了日本「保留天皇制」的要求。八月十四日，日皇再召開第二次「御前會議」，席上日皇說：「關於國體問題（筆者按：亦即「保留天皇制問題」），雖然有各種疑懼，我認爲盟國的回答並沒什麼惡意……，我不想多猜疑，就直接接受盟國的條件好了！」可說是願意在保留天皇制的條件下「無條件投降」。會後，日本用緊急電報向瑞士政府發出接受波茨坦宣言的通告。八月十五日，日皇以廣播「停戰詔書」的形式宣布投降。

第四節　從日本的「南方玄關」到「海上孤島」的台灣

一九三九年第二次世界大戰爆發後，日本爲了解決侵華戰爭陷入膠著化的困境，企圖將侵略戰爭擴大到東南亞奪取戰爭資源，開始準備武力南侵。當時的台灣總督小林躋造在日本拓務省的記者會上，提出了「三化」的治台方法，「三化」就是：皇民化、軍需工業化、南進基地化。小林進一步表示，台灣以往是日本的「米倉糖庫」，將來必得成爲「日本帝國的南方玄關」。

最初，隨著日本向東南亞侵略的順利進展，台灣不但成了日本本國與南方作戰地或占領地之間的中繼站，以及物資和人的交流地、加工地，而且，也成了日本南侵作戰和占領地所需的物質和人的資源供應地。這期間，台灣不但是日本南方的玄關，而且成了南方攻勢的前線、南方的前進基地。但從一九四三年夏天起，美軍開始展開大反攻，日本被迫採取守勢後，美軍潛水艇開始出沒於台灣周邊，台灣與日本本國的海上交通日益困難；日台間定期航線以及台灣與中國大陸、南洋戰場之間的運輸艦也經常被擊沉，台灣逐漸陷入孤立的狀態。一九四四年七月美軍攻下塞班島後，開始對日本本土進行大規模空襲，同時，從菲律賓起飛的美機也開始對台灣的港口、機場、工廠空襲；台灣逐漸被封鎖而淪爲海上的孤島。原來高度仰賴日本帝國經濟圈輸出入的台灣經濟，由於交通線的斷絕，也陷入孤島經濟的窒息狀態，致使工業停頓。在農業方面，由於完全依賴進口的肥料供應不足，再加上農村年輕勞動力被軍方徵召而勞動力奇缺，致使農業生產，特別是米糧的產量急速減少，稻米的年產量由一九三八年的一千七百七十萬石急遽減少到一九四五年的七百四十七萬石。

自從日本在一九三七年發動侵華戰爭後，殖民地台灣便進入了戰爭總動員的時期。特別在一九四一年底起，日本發動太平洋戰爭後，戰爭總動員更變本加厲；透過戰爭動員體制的天羅地網，日本軍國主義者搾盡了台灣的人力、財力、資金、物力和人命。其他的不談，下面再看看他們是如何通過資金動員、軍事財政以及通貨膨脹的手段搾取了台灣的資財。第一、強迫儲蓄：從一九三七年到一九四四年強迫台人儲蓄總額高達二十億圓之多，其中半數用於購買日本中央政府爲支應侵略戰爭而發行的國債，另一半則供應軍需工業的資金來源。第二、軍事財政：從一九三七到一九四四年，財政收入膨漲了四倍，而台灣人的財政負擔額則增大了十倍。其財政收入除依靠專賣收入的間接稅之外，主要來源是賦稅收入，當時直接以支應侵略戰爭的名目所開徵的課稅名目就不少，如一九三八年開徵的「支那事變特別稅」，一九四三年開徵的「台灣大東亞戰爭特別稅」……等等。除了課稅的軍事性之外，總督府的財政支出當然也是軍事性的，其中最怪異的居然是，台灣總督府每年支出的百分之三十是撥付給日本中央政府的，亦即，把從台灣徵得的金錢供日本中央政府的軍事財政使用。從一九三七年到一九四四年共撥付了近四億圓之多。總計起來，日本中央政府在發動侵略戰爭的八年間，透過前述的「國債」以及總督府財政負擔的方式，榨取了台灣人民的財富總額共達十五億圓之多，而這期間台灣總督府的財政總支出只不過是二十五億圓而已。這些向台灣人民搾取的財富，都轉化爲日本侵略戰爭的物質力量，最終化爲煙硝。第三、通貨膨脹：以一九三七年爲比較基準，其通貨發行量增大了二十倍；而其物價指數足足上漲了二百三十六倍。

進入了一九四五年，一月美軍攻克了馬尼拉、三月攻占了琉磺島，接著在六月攻克沖繩（琉球），步步進逼日本本土。北方的沖繩與南方的菲律賓完全被盟軍占領後，台灣已完全陷入孤島狀態。前述日本在台灣的戰爭經濟搾取體制已面臨崩潰前夕，台灣的財富將化爲煙硝，更爲台灣留下了沉重的負債。

台灣總督府在美軍空襲中炸毀。(台灣省行政長官公署出版《新台灣畫報》第四集)

⬆「皇民奉公會」是日本據台晚期推動皇民化運動，以便嚴密箝制台人，與戰時行政互爲表裡的機制，於1941年4月成立，台灣總督擔任總裁，在各地方成立分支機構。圖爲7月7日，大雅庄分會成立的儀式。(陳慶芳提供，轉載自國史館台灣文獻館出版《烽火歲月》)

➡皇民奉公會刊印了許多配合皇民化運動及爲日本軍國主義服務的刊物。

臺灣特別志願兵令 四月一日より施行

〔東京電話〕本年度から臺灣に特別志願兵令を施行することは昨年六月の閣議に於て方針を決定これに要する豫算は今議會の協贊を得たので廿五日の閣議において勅令案を附議決定廿七日奏上御裁可を仰いだ結果廿八日附の官報をもつて

一、陸軍特別志願兵令中改正
一、臺灣總督府陸軍兵志願者訓練所官制

を公布來る四月一日より施行されることになつた、今回の臺灣特別志願兵令は全く朝鮮における志願兵令を踏襲して志願者訓練所（臺北）に入所せしめて約六ケ月間內地人の生活樣式を習得せしめるとゝもに訓練した上入營せしめるものであり第一回は來る六月臺北の訓練所に入所せしめ十二月一日以降の十七年度徵收兵と一緒に入營せしめる豫定で人員は本年度は五百名宛二回一千名を採用する事になつた

⬅日本爲了搾取台灣人力投入戰爭，除了調用軍伕之外，更要台灣人直接投入戰場。1941年6月，宣布將在台灣實施志願兵制度；1942年4月，第一批台灣陸軍志願兵入伍；1943年8月，海軍特別志願兵令實施；1945年1月，總督府宣布在台灣實施徵兵制，開始徵兵檢查。圖為1942年2月28日《佐世保軍港新聞》一版刊出台灣特別志願兵令實施日期的消息。

⬇奉召入伍台灣青年與同學合影留念。（許明山提供，國史館台灣文獻館出版《烽火歲月》）

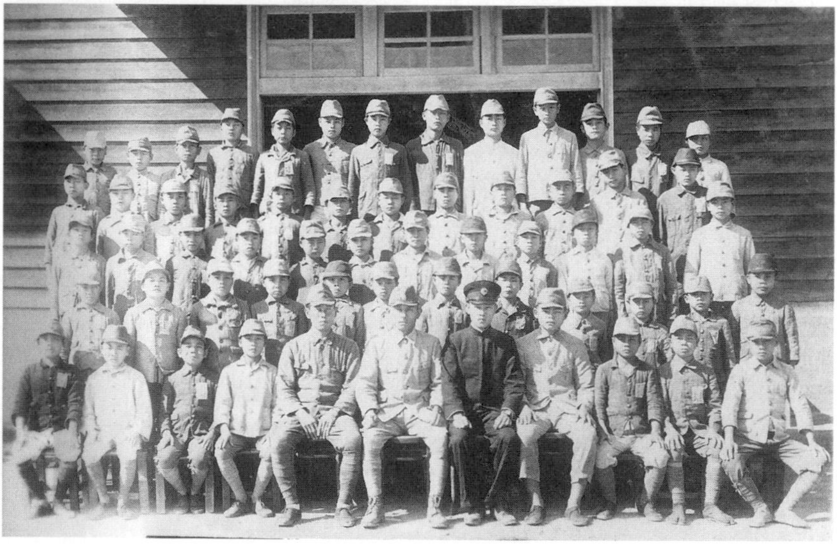

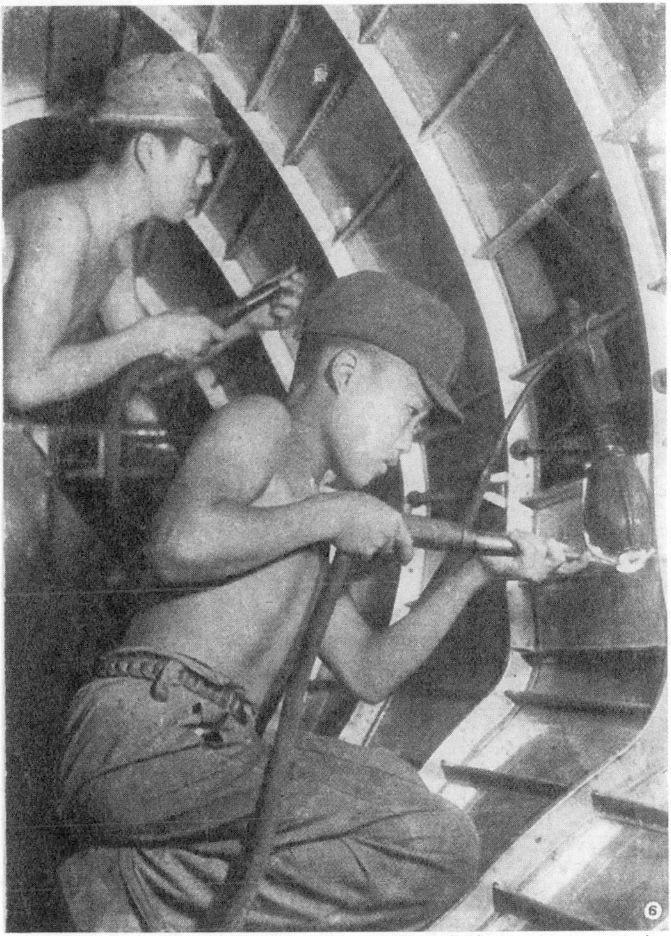

日本徵用台灣人力投入戰爭，連青少年都不放過。圖爲在日本高座海軍工廠工作的台灣「少年工」。(郭雙富提供剪報，國史館台灣文獻館出版《烽火歲月》)

第五節　「要塞化」的台灣

在台灣島上陷入孤立狀態的日本軍國主義者，開始作最後的掙扎；爲抵抗美軍的進攻，瘋狂地將台灣「要塞化」，企圖將台灣「玉碎」。一九四四年末開始實施徵兵制，一九四五年開始實施徵兵體檢，有四五、七二六人被徵召入日軍。且爲了趕建台灣的防禦工事，大量徵用了台灣的勞動力，組織「台灣護國勤勞團」，每日高達三十萬人。另外，據台灣總督府的統計數字，戰爭期間一直到一九四五年爲止，被日本戰爭動員到島外的台灣人，所謂的「勤勞動員」，亦即非兵役徵用，而以「軍伕」或「工員」的名稱，被送往大陸或南洋各地的人數，共有十萬一百六十七人。其中在「南方」各地的有九萬三千七百四十八人，其他，就是爲因應日本本國勞動力奇缺，被徵運往日本高座海軍航空兵工場，當「少年工」的小學畢業或中學畢業者共有八千四百一十九人。這十多萬人，再加上前述島內每日被動員的三十萬人，以及二十萬被徵調的台灣人日本兵，被戰爭所動員的總人數則高達六十萬人之多，這幾乎等於當時台灣青壯年人口的總數。可以說，當時全台灣的青壯年都被徹底的動員爲日本「聖戰」所用。

除此而外，作爲動員台灣青年的預備訓練所，日本殖民政府在全島各地村落普設「青年特別錬成所」、「青年學校」、「皇民錬成所」、「國民精神研修所」等等，在台灣動員青少年的組織，可謂天羅地網一滴不漏。

一九四五年五月卅一日，當沖繩戰役正激烈進行當中，美B—二四轟炸機對台灣進行了一次最慘烈的轟炸，總督府被炸毀了一半，台北市、基隆港市幾乎全毀。台灣軍司令部以及總督府均無法正常上班，陷入麻痺狀態。居民也不敢逗留市內，大家都「疏開」（疏散）到郊外或鄉下。「空襲」已成爲日常生活的一部分，民心不安，大家只有屏息以待，等待惡夜的消逝。

美軍控制了沖繩島後，日本已到了生死的最後關頭，日本軍方仍毫無愧色的堅稱將進行「本土決戰」。爲了進行「本土決戰」，日本政府廢止了原來最重要的民間御用團體「大政翼贊會」，取而代之的是「國民義勇隊」。同時，殖民地台灣也廢止了與日本本國「大政翼贊會」異名同質的「皇民奉公會」以及保甲制度，取而代之的也是「國民義勇隊」。日方的宣傳是說基於「鄉土自衛」、「生產即防衛」的理念，組織「國民義勇隊」；實際上，就是預備組織一個比「皇民奉公會」更徹底的「國民義勇隊」，驅使台灣人拿竹槍竹劍與登陸的美軍作肉搏戰，以遂行其「台灣總玉碎」。

據台灣總督府警務局的統計，一直到一九四五年八月十日止，台灣因受美軍空襲而死亡者有五、五八二人，傷者八、七六〇人；被毀房屋建物共有四五、三四〇棟，總計受災者高達三十萬人。從一九三七年開始，長時間對台灣的經濟、產業、金融、精神、人心、勞動力以及人命的徹底搾取後，再加上空襲的一擊，台灣社會已到了山窮水盡的境地。然而，漫長的惡夜將盡，最黑暗的時刻就是曙光將至的時刻。

當時在台南故鄉行醫的作家吳新榮，在一九四五年三月底美軍攻下琉璜島時，日記上已透露了「無疑已到了最後關頭」的看法；到了六月六日，他在日記上寫道：

> 於是想到東洋的未來，便非研究中國的政治思想與文學思想不可。所幸藏書中有《中山全集》與《胡適文存》，便著手研讀。

在最黑暗的時刻，僻處鄉間的吳新榮已看到了曙光的徵兆，而開始秘密地爲迎接曙光作思想的準備。

第二章

八月十五日

——破曉時刻的明與暗

日本接受了波茨坦宣言而投降，結束了這場人類有史以來未曾經歷過的浩劫，一夕之間歷史向前跨出了一大步。一九四五年八月十五日，是戰前與戰後、腐朽與新生交替的時刻，對絕大多數忍受過長期戰火煎熬的人們來說，它是暗夜與白日交接的破曉時刻，和平的白日即將來臨。

歷史換了主人，有敗者的悲鳴，更多的是勝者的歡呼；但不管是勝者或敗者，全人類都從戰爭的桎梏解放出來，共同迎接和平的曙光。同樣地，不管勝者或敗者，都必須從戰後廢墟中重新出發，前方仍非坦途，仍布滿著荊棘。

同樣的八月十五日，有戰勝者的表情，也有敗戰者的表情；殖民地台灣呈現更複雜的表情；有在台日人、日軍的，有台籍御用士紳的，有一般民眾的表情。

第一節　八月十五日的日本——拒降叛軍及混亂與再生

宣布投降後的日本，在戰爭殘局的收拾上也充滿了危機和暗潮。特別是，已成為戰爭機器的軍、官、民的拒降問題，往往造成新的動亂和不安。在日本就發生了，拒降軍人叛變的「八一五事件」，以及其他零星的拒降事件。在台灣，雖然沒有重大的事件，但也發生了日本軍方背後策謀，由台灣御用士紳出面進行的「台灣自治（獨立）事件」，以及低階軍官陳情拒降的風波。幸好安藤總督毅然斥退，未釀成大禍。

八月十四日上午，日本的戰爭指導者召開了第二次御前會議，會中軍方仍堅決反對接受波茨坦宣言的條件，但日皇還是下定了決心接受波茨坦宣言而投降。堅不投降的日軍陸軍總司令阿南當晚在官邸自殺，當晚十一時，日皇頒布了「投降詔書」，等待第二天才向全國廣播。在東京市的陸軍部、參謀本部以及衛戍司令部的將校們，聽到投降的消息都錯愕不已。一些情緒激憤無法接受投降事實的少壯軍官，想以武力阻止日皇於第二天向全國廣播。於是一批武裝的少壯軍官群集於近衛師團司令部，要求會見近衛師團長森中將，想趁國民還不知道投降消息的此刻，以行動推翻日皇的決議，用武力決戰到底。森中將加以勸阻，卻遭到槍殺。這些叛軍趁機對師團部隊下達保護日皇宮城的假命令，近衛師團部隊立即武裝開往宮城，叛變軍官們馬上占領了宮城中的衛兵本部，並到處搜索已錄製好等待第二天中午向全國廣播的日皇錄音帶。叛變的消息傳到東部軍司令部司令官田中大將耳中，田中馬上前往宮城處理，經田中三小時的勸說，終於說服了叛軍，叛軍中有人舉槍自盡，其他則束手就擒。這就有名的「八一五事件」。

日皇裕仁透過廣播宣布投降。

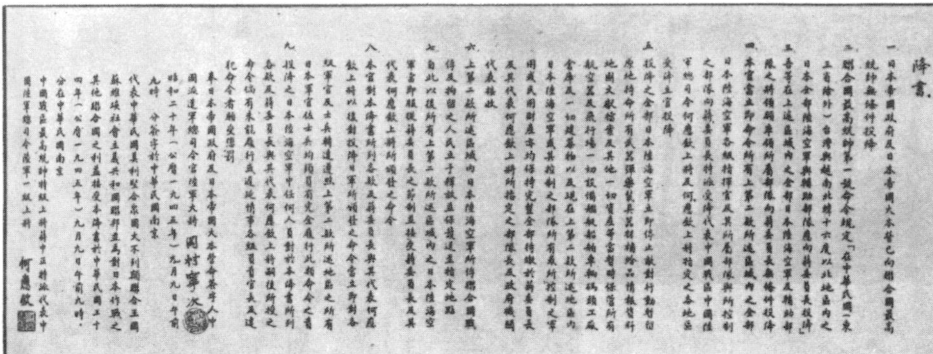

降書

一、日本帝國政府及日本帝國大本營已向聯合國最高統帥無條件投降

二、聯合國最高統帥第一號命令規定「在中華民國（東三省除外）台灣與越南北緯十六度以北地區內之日本全部陸海空軍與輔助部隊應向蔣委員長投降」

三、吾等在上述區域內之全部日本陸海空軍及輔助部隊之將領願率領所屬部隊向蔣委員長無條件投降

四、本官當立即命令所有上第二款所述區域內之全部日本陸海空軍各級指揮官及其所屬部隊與所控制之部隊向蔣委員長特派受降代表中國戰區中國陸軍總司令何應欽上將及何應欽上將指定之各地區受降主官投降

五、投降之全部日本陸海空軍立即停止敵對行動暫留原地待命所有武器彈藥裝具器材補給品情報資料地圖文獻檔案及其他一切資產等當暫時保管所有航空器及飛行場一切設備艦艇船舶車輛碼頭工廠倉庫及一切建築物以及現在上第二款所述地區內日本陸海空軍或其控制之部隊所有或所控制之軍用或民用財產亦均保持完整全部待繳於蔣委員長及其代表何應欽上將所指定之部隊長及政府機關代表接收

六、上第二款所述區域內日本陸海空軍所俘聯合國戰俘及拘留之人民立予釋放並保護送至指定地點

七、自此以後所有上第二款所述區域內之日本陸海空軍當即服從蔣委員長之節制並接受蔣委員長及其代表何應欽上將所頒發之命令

八、本官對本降書所列各款及蔣委員長與其代表何應欽上將以後對投降日軍所頒發之命令當立即對各級軍官及士兵轉達遵照上第二款所述地區之所有日本軍官佐士兵均須負有完全履行此項命令之責

九、投降之日本陸海空軍中任何人員對於本降書所列各款及蔣委員長與其代表何應欽上將以後所授之命令倘有未能履行或遲延情事各級負責官長及違犯命令者願受懲罰

奉日本帝國政府及日本帝國大本營命簽字人中國派遣軍總司令官陸軍大將 岡村寧次

昭和二十年（公曆一九四五年）九月九日午前九時　分簽字於中華民國南京

代表中華民國美利堅合眾國大不列顛聯合王國蘇維埃社會主義共和國聯邦並為對日本作戰之其他聯合國之利益接受本降書於中華民國三十四年（公曆一九四五年）九月九日午前九時　分在中華民國南京

中國戰區最高統帥特級上將蔣中正特派代表中國陸軍總司令陸軍一級上將 何應欽

日本降書。

其他零星的叛變事件，如有火燒首相官邸企圖殺害鈴本首相的事件，也有海軍航空部隊隊員撒布反對投降的傳單等等。

發動侵略戰爭而投降的日本，戰後的情況是悽慘的。日本本國受到美軍激烈的轟炸，大都市幾乎成廢墟。據統計，死傷者高達六十八萬人；房屋全毀二百二十一萬戶，達日本全戶數的百分之三十，災民高達一千萬人。散落在國外侵略戰場的日本軍民高達四百萬人，戰死者有兩百多萬人，復員工作十分艱難。侵略戰爭的後果，是使日本瀕臨滅亡，生靈荼炭。

當時因公出差到東京，而在當地獲悉日本投降消息的台灣總督府主計課長鹽見俊二，在他的日記——《我的終戰日記》上，生動地記下了日本八月十五日到八月底的情況。他描寫了東京市民的表情：一般市民的表情默而不語，也聽不到悲憤慷慨的聲音，他們服裝不整，穿著破鞋，臉色蒼白，露出一副神經質又憂鬱的相貌；所帶的包巾中，不是包著趁混亂取得的軍用物資，就是在黑市中買來的東西。對美軍的進駐，人心極不安，到處有謠言說美軍會強暴日本婦女等等。

「軍人、官員、軍需工廠員工，開始爭先恐後瓜分庫存物資，他們的口號是：與其給敵人拿去，不如……。」對這混亂的現象，鹽見批評道：「原來是這些人物在主導戰爭的……敗戰誠可悲，然而現狀更可悲。」對於日本政治的現況，鹽見也相當不滿地批評道：

所有軍人都失業，爲數一千萬人的軍需企業員工，亦幾乎失業。然而，官員無一人失業，守著固有的高位，難道官員對主導戰爭毫無責任嗎？結束戰爭的藉口是爲了維持國體，有些人以護持國體之名只圖利本身所屬階級，因此要徹底掃除這些領導人物，才是建設新日本的第一步。

看到戰後日本這種混亂的現象，鹽見帶著詛咒的口氣喊叫道：

混亂是無法避免的，混亂啊！早日來臨吧！除此之外，日本沒有更快的新生之道。

日記中（八月二十七日）也記載了當時辜顯榮之子辜偉甫搭日本軍機到東京的一些情形，他寫道：「他之突然來日本的目的，是想看看日本人在戰敗後重建日本的情況，然而，他所看到的卻盡是疲憊而毫無道義的日本，因此非常失望。」

鹽見的日記，生動如實地描述了八月十五日後數週間日本帝國主義崩潰的樣貌。也記述了一個台灣總督府官僚，在日本敗戰後的反省、覺悟以及爲了新生日本的憤慨和苦惱。

第二節　中國的八月十五日——天亮了！我們勝利了！

八月九日深夜，在日皇「聖斷」接受盟國波茨坦宣言而投降後，日本外相東鄉爲避開當時仍堅持「本土決戰」的軍方的監聽，於一九四五年八月十日晚八時，在東京的國際廣播電台以英語播出了日本將接受波茨坦宣言投降的消息。重慶的中央社收聽到此廣播，次日的《中央日報》就迫不及待地以「面對毀滅絕境　日本請求投降」的大標題，刊登了這個絕大的好消息。

實際上，日本投降的消息早在八月十日的下午六時，就傳達到重慶市民的耳朵。重慶市貼出了巨幅號外，有幾位記者騎著三輪車狂敲著鑼鼓繞城一周，向市民廣播日本投降的天大消息。當晚，重慶市舉城徹夜狂歡。翌（十一）日的重慶《新華日報》社論用激動的筆調，寫出全中國人的心情：

全中國人都歡喜的發瘋了！這是一點也不值得奇怪的，半世紀的憤怒，五十年的屈辱，在今天這一天宣洩洗刷了。八年間的死亡流徙，苦難艱辛，在今天這一天獲得了報酬了。中國人民驕傲地站在戰敗了的日本法西斯者前面，接受了他們的無條件投降，這是怎樣的一個日子呀！誰說我們不應該歡喜得發瘋？誰說我們不應該高興的流淚呢？

該報對當晚重慶市的狂歡場面，也有這樣的報導：

日本無條件投降了！傍晚的重慶，鞭炮聲衝破了嘈雜的夜市的空際！千千萬萬的市民擁到街頭，一片海濤式的歡呼，連珠砲似的鞭炮，狂烈的鼓掌聲，頓時掩蓋了整個山城。……許多美國兵和群眾一起合唱〈義勇軍進行曲〉……整個山城充滿了喜悅，馬路上到處擠滿了市民，一陣陣鑼鼓的聲音，一隊隊火炬遊行的隊伍，愈來愈增加了狂歡……有人說：「天亮了，好回家了!物價會跌了!」

記者在歡樂如精靈般跳躍的筆調下,記下了慶祝中國抗日戰爭勝利的那一刻。然而,勝利背後沉重的現實,卻使記者結語的筆調苦澀了、陰沉了,他說:

可是我們仍能看到不少市民的臉上,他們的快樂和興奮仍帶著沉重之色,是的,當勝利的狂歡冷靜下來時,人們會警惕到橫亙於中國人民面前的還是多麼艱苦的前途。

而當時淪陷在日軍之手長達八年的上海,勝利的表情如何呢?當時在上海的台灣青年吳克泰,事後回憶上海的情形道:

到八月十一日勝利的消息就傳遍了上海,上海沸騰起來了,老百姓不把日軍放在眼裡,拿著國旗敲著鑼鼓在街上呼喊著,跳躍著。我雖然未能參加抗戰的行列,但也激動亢奮。心中想勝利終於提前來臨了,夢寐已久的故

獲悉日本無條件投降，重慶民眾擁上街頭迎接勝利(上)；淪陷八年的上海，各界遊行歡慶抗戰勝利，熱列情況不亞於重慶(下)。

鄉台灣復歸祖國之願也實現了。

淪陷八年的上海，雖然比不上台灣的五十年，但長期親身遭受日軍的壓迫的感受是相同的。日本投降抗戰勝利的消息傳來，其狂歡不但不亞於重慶市民，甚至比重慶更爲熱烈。對大多數人而言，國民黨政府仍然代表他們心中的國家，他們與大後方重慶市民不同，並沒有親身體會到國民黨政府的貪汙與橫暴的陰暗面。因此，抗戰勝利的歡欣更大，對未來的期待更大。

第三節　台灣的八月十五日——陷入兩極的內心世界

從八月十五日到九月初的短短二十天內，台灣人心極端動盪，呈現了比任何地方都更複雜的樣相。對台灣而言，八月十五日的意義，除了日本無條件投降戰爭結束這層面的一般意義之外，還有日本在台灣殖民體制的終結，以及台灣將復歸中國，這三個層面的意義。不論日本或台灣人，台灣全體居民都突然面臨這三層面的歷史大變局。頓時，在台日本人和台灣人陷入了兩極的內心世界。一直被顛倒的世界，現在顛倒過來了！當然，對絕大部分台灣人來說，這是天大的驚喜，不但戰爭結束了，高壓的殖民政權也將終結了，也朦朧地知道自己將恢復爲自由之民，獲得平等的地位，且將復歸中國，一夕間也似乎成了戰勝國國民。然而，真正體會到解放的實感、迸發解放歡呼的時刻，卻不在八月十五日，而要等到九月才出現。另一方面，對近六十萬的在台日本軍民來說，八月十五日的投降消息，真如青天霹靂，瞬間跌落戰敗國民的境地，不但失去了優越的統治地位，還可能變成戰俘或流落異國的「日僑」；大部分的人驚愕不知所措，有人悲憤哀號。除此之外，還有一些皇民化的台灣人，也就是日人說的台灣有力者，他們長年依附日本殖民勢力，不管在財富、地位或感情上，已經與日本的殖民、軍國體制有共同的結構，亦即日人常說的「內台一體」，這個階層的變化十分微妙，因爲他們擔心失去現有的財富和地位，因此在八月十五日後的二、三週內，他們與在台日本統治者一樣驚惶失措，爲了確保財富地位，他們甚至興起自治或獨立之議。然而，進入了九月，當他們看到日本在密蘇里艦上的投降、在南京的投降，且國民政府軍政人員陸續來台的情形，他們又成了熱烈迎接祖國的主角。

社會上開始出現零星攻擊日人的情形，特別是對殖民者象徵的警察的攻擊最爲普遍，譬如辱罵台籍刑警：「無血無淚殘虐的日本人的狗！」等。對日人的態度也開始轉變，譬如台灣學童罵日人學童：「再兇也沒用了！日丸旗不是變白旗了嗎！」等等。

八月十五日後短短二十天的台灣，在政治上處於一個複雜而微妙的時刻，它無法以其前或其後的任何一個時期的觀點去理解，是一個十分特殊的期間。雖然日本投降了，但政權仍掌握在日本人手上，日本的戰爭總動員體制，不管是法律或組織，都仍然在作用著，二十萬精銳的日本軍隊並未解體，而且還靠著日本警察在維持社會秩序；甚至於，在六月間爲了因應「本島決戰」而將皇民奉公會改組成立的「國民義勇隊」，也繼續在台灣人社會中扮演協助日本官方的角色。明明知道日本投降了、中國抗戰勝利了、台灣將復歸祖國，但台灣人的實質地位一點也沒改變；也未見國民政府官兵來到台灣，祖國還只是一個遙遠的存在。只見盟軍飛機天天在天空盤旋，一般台灣人並未實質地感受到勝利的滋味。然而，日本已戰敗無條件投降，台灣又將復歸中國，這鐵一般的事實又擺在眼前。因此，在這兩種極端矛盾的大現實的拉扯中，人心極爲動盪不安。

第四節　台灣作家的八月十五日——歡喜中的不安

歷史的新主人

在台南家鄉佳里的吳新榮，早就預料到日本將戰敗。八月十五日那天，有人告訴他中午將有日皇的重大廣播，但因停電無法收聽。到了晚上，友人從台南市回來，才帶來真正的消息，日本果然投降了，稍前他曾向友人預言日本將戰敗投降之事，果然猜中，自己也頗感驚訝。沒想到一夕間，自己已變做歷史的新主人。從六月六日開始偷偷閱讀的《中山全集》，只讀到下冊還剩三分之一，日本竟投降了。當晚，他再拿出《中山全集》來，繼續讀未完的幾頁，這次他能夠公然將《中山全集》放在桌案上，不必偷偷閱讀，心中不禁高聲歡呼，我們正逢著歷史的新頁。

第二天晨起，梳洗後，吳新榮從防空壕中拿出長期蔽藏的祖先神位，焚香馨告日本已投降，祖國得到了最後勝利。隨後與友人驅車到將軍鄉探訪父親。日記中吳新榮特別記載了他與朋友在郊外盡情歡呼的場面：

於此四人各脫衣裳，跳下溪中，洗落十年來的戰塵及五十年來的苦汗。起了岸，各人向海面大聲絕叫，自今天起吾人要開新生命啦！

從八月十六日起，吳新榮不再用日文而開始用中文寫日記。當天日記的最後，他用流利的白話文寫道：

咳，悲壯乎！歷史的大轉換是一日之中，是一時之間，咳，感慨哉！自今日雖是和平之第一日，但難免有一種的不安，無限的動搖。總是爲要光明的前途，必須要再努力，勉勵而已。

吳新榮以「此數日中要謹慎，而靜觀世界之大勢」的數句，結束了八月十六日的日記。他所說的要「謹慎」是指：雖然日本宣布投降了，但台灣現在還有二十萬的日軍，這些日軍僅在數日前還不斷叫嚣「本島決戰」、「玉碎」，且從未交戰過，裝備精良，還有旺盛的戰力。並且台灣總督府的中央、地方機關還在，各地憲兵、警察、特高等過去日日監視壓迫台灣人的鷹犬仍在四周活動。日人的動向還未知，二十萬的日軍恐有不軌之舉，世界大勢仍不可測，雖然大家表面上都露出無限的歡喜，但「內心上都隱存著一種的不安」。同時，數日來也有各種傳言，謂盟軍將登陸日本，「台灣省主席已定陳儀，副主席謝春本，軍司令是蔡某或李某」等等。

實際上，吳新榮記述的這種氣氛與心理，並非吳新榮獨自的感受，而是八月十五日以後一直到九月初戰後局勢逐漸明朗爲止，台灣人普遍的心理與表情。一方面是戰爭結束，「和平」降臨了，而且日本帝國主義、殖民政府投降了，台灣得到了解放，大家都無比歡欣，這是全世界都一樣的。另一方面，因爲台灣並未成爲戰場，日本殖民政府和軍隊與戰前一樣並未有立即的變動，欺壓威赫的氣勢仍在；在這氣氛下，人們都普遍抱著不安的心情，不敢公然表現出欣喜的慶祝。因此，八月十五日後的二、三週，台灣人欣喜在心頭，卻不敢公然表現出來，整個社會普遍籠罩在怪異的氣氛中，並未出現如中國大陸的重慶、上海等地一樣的，爆發出普天同慶的狂歡場面。

吳新榮爲了要探究日人的內心動向，應邀到戰時主持特務工作的日警家去，一同在他家裡的防空壕中吃飯。他發現在物資奇缺的戰後，日警家中竟然有豐富的酒菜，吳新榮大感驚訝。吳新榮自嘲說自己「不客氣地大享這戰後的『餘祿』」。他從這位日人特務口中證實了戰爭末期流傳的一種說法，說日人有一份黑名單，到了戰爭最後階段將把台灣各地的指導分子集中監禁起來，它叫「最後處置」。這位日警嘆息道：「日本到底輸了，自今日起我們變成了敗戰國民」，「軍部也已經無力了，所謂帝國主義也已經消滅了」。

因此，吳新榮在八月廿四日的日記中記道：「看此情勢，在台的日本人已無他意也是當然之事。」

作夢也沒想到的一天

八月十五日，作家吳濁流也在鄉下，當天傍晚有朋友來說，中午時刻有日皇廣播，只是聲音沙啞，雜音多聽不清楚。街上的日本人都聚集在街長宿舍，正在商議著什麼，好像發生了重大事故。吳濁流判斷，不是美軍在台灣登陸，就是日本投降，但日本投降的可能性較大。他告誡友人此刻最重要的是要「謹慎」，言行務必小心。翌日，他整裝上台北，到了竹北車站，號外已出來了，果然如他所料日本投降了，站上依然有日本警察炯炯目光監視著，吳濁流寫道：「人們儘管不發一言，臉上卻浮現著無法抑止的喜色。」

吳濁流在《台灣連翹》中，對這個巨大的歷史變化生動地寫道：

> 波茨坦宣言威力是偉大的，靠它，台灣終究獲得解放，一切不平等都告消除，和日本人平等了，不再畏懼日本人了。
>
> 在台灣的四五十萬日本人，就像警察一樣，經常以猜疑的眼光去看台灣人。在台灣人眼裡等於是警察的在台四五十萬日本人的優越感，隨著波茨坦宣言一下子解除了，他們都恢復到人本來的樣子。

吳濁流激動地讚美波茨坦宣言的偉大力量，解放了強加於殖民地台灣的枷鎖，恢復了台灣人做爲一個人應有的平等地位，也使殖民地日人「恢復到人本來的樣子」。對於八月十五日，他真心感激地說：「我作夢也沒有想到會有這麼一天。」在這連作夢也夢不到的，突然來臨的八月十五日，吳濁流像站在惡夜盡頭的破曉時刻，對未來私自許了願望：「從今以後，一定要建設成比日據時代還要美好的台灣，成爲一個三民主義的模範省。這不僅是我一個人的理想，也是全台灣的民眾，六百萬島民的熱望。」

「山水亭」上的一幕悲喜劇

律師、文化人陳逸松的八月十五日，是在當時台北文人雅士經常聚會的「山水亭」上度過的。當天正午，他按時打開收音機，但是因收音機老舊、雜音很多聽不清楚，只微弱地聽到「一心一意」、「奮戰」等句，以爲又是鼓吹「聖戰」的廣播，不以爲意，遂前往近處的「山水亭」找「山水亭」主人、戲劇家王井泉聊天。忽然一位熟識的台北州特高警察倉皇衝上樓來，氣急地問他們對這次的廣播有什麼感想，陳逸松以爲他又來套消息，遂敷衍道：「只有遵照天皇陛下所宣示的，繼續堅定作戰而已！」特高驚道：「我聽到的是日本戰敗宣布投降了，怎會繼續作戰呢？是不是我聽錯了，你們稍候，我回州廳打聽，馬上回來。」過不久特高回來，激動地說：「日本輸了，日本輸了。」遂邊哭邊下樓去。特高走後，王井泉泡了一壺好茶出來，兩人對酌共嘗。

這是陳逸松在回憶錄中，稱之爲在「山水亭」上演的一幕八月十五日的悲喜劇，令他畢生難忘。

陳逸松遂寫道：「幾十年來，我們從沒有這樣輕鬆過，今天，也是我們有生以來第一次品嘗到真正的茶香。」

當時台灣人的歡欣是筆墨難以形容的，戰爭的災難解除了，日本戰敗投降了，五十年黑暗的殖民地生活結束了，自此可以平等做人，當家作主，但因長期懾於日本警察的淫威，街上到處是日警日軍，只有把喜悅埋在心頭。雖然破曉了，但天邊黑夜未褪，大家還不敢把隱忍的喜悅爆發出來。

然而，歷史總不是往直線走的，它總是在前進後退、迂迴曲折中演進的。歷史也總不只是一面的，它包含著正面和反面、主要面和次要面等複雜的面向。因此，八月十五日也正是處於光明和黑暗、前進和保守、邪惡和正義、腐朽和新生的鬥爭最激烈的時刻；也是黑暗、腐朽的力量作最後掙扎的時刻。

即便如此，破曉的亮光已在天際浮現。

第五節　在台日人的八月十五日——驚愕與抗拒

在台灣的五十多萬日本軍、官、民，一夕之間，從跋扈不可一世的殖民統治者、支配者、壓迫者，跌落成敗戰國民、無條件投降的軍民、前途完全受人擺布的異國國民。本來是可以恣意享樂的夢土台灣，瞬間成了四周充滿著復仇眼光的地獄。他們積累的財富、優越的地位甚至連人身安全也將不保，將來如何被處置，何去何從也不可知。

八月十五日後的短短二十天中，在台日人在巨大的歷史變化中表現出的人心世態，其實況，我們可以從當時的台灣總督府警務局的治安狀況報告，或其他日本人的回憶文中看到。

當時在台日人一聽到日本接受波茨坦宣言無條件投降的消息，真如青天霹靂，因衝擊太大而目瞪口呆，甚至有人數日間呈虛脫狀態。許多人還懷疑消息的真僞，認爲日本帝國不可能做這樣的事。實際上八月十五日當天的「玉音放送」，雜音很大完全聽不清楚，聽說是在台日本軍的刻意干擾。有許多人是依其職業慣性，盲目對應的。譬如，當時擔任高雄州潮州郡警察課刑事的江藤近，在回憶八月十五日的情形時說：

> 昭和二十年八月十五日，從早上開始就在警察課的後院，度過了等待正午到來的不安時刻。實際上，無法聽清楚天皇的「玉音廣播」，只勉強聽到

了大概是說日本戰敗了的一句話，當時我深怕台灣居民心裡的動搖，馬上跑到街上，到處喊叫「日本戰勝了！不要擔心！」的違心話，實際上自己也難隱虛無的心情。（《台灣引揚史》，頁三〇三）

還有，當時剛剛應召入伍台灣軍第四五五〇部隊的土屋政三，回憶當時情形說：

因爲聽說有重要的玉音廣播，全體中隊員都排隊立正一齊聽收音機的廣播。因爲雜音很大，完全聽不清楚廣播內容。廣播結束後，全體中隊竟一齊呼口號：「聽到了！」好像也呼叫了「徹底抗戰玉碎！」（《台灣引揚史》，頁一〇五）

隨著時日的進展，在台日本人也漸漸接受了日本無條件投降的事實，而漸趨平靜，只剩下一些如批評日本戰爭指導者的無能等的慨嘆。接著，便逐漸轉向擔心自己現實的處境和將來的去處。依據台灣總督府警務局八月份的治安報告書的記載，當時在台日人內心最感不安的問題有：

其一，是對「本島人」動向的不安。日本投降的消息發表後，有一部分「本島人」開始對「內地人」採取相當「粗暴」的態度，甚至零星發生了對日本人的脅迫行爲，特別有針對日本婦人的事件。

其二，是擔心「本島」被「割讓」給「重慶政府」後，「內地人」會不會受到「壓迫」、「迫害」、「報復」。

其三，如果台灣在「重慶政權」的統治下：

到底可不可以確保最低限度的生存權？

如果可以確保生存權，國籍的歸屬如何？

如果取得中國國籍，作爲中國人仍可以貢獻於日本皇國的復興工作嗎？將來可以回到日本嗎？

對於私有財富，可以承認到什麼程度？

對於本來經營的事業，島內的商業交易可以承認到什麼程度？

占「內地人」多數的官吏、公務員或公營事業人員，其將來的出路、生計如何？

會不會禁止內台人（日本人和台灣人）之間的交往？

子女的教育如何？

今天看來，當時在台日本人的這些擔憂似乎有點很可笑。實際上，殖民台灣五十年的這些三十多萬日本人，不管官僚、警察、商人、工人或一般平民百姓，其生活生計都已落足台灣。雖然他們是依賴日本殖民體制而維持在台灣優越的生活，以及高高在上的地位；但對大多數台灣人而言，他們是一群騎在頭上的壓迫者。然而，這些在台日人，早已脫離了日本本國的社會，社會關係已疏遠，在其「內地」，除了有些親屬關係外，別無資產或事業。日本投降後，殖民體制將臨崩潰，這些人都成了敗戰國民，最感不安的當然是生計問題和將來出路問題。除此之外，他們更擔心台灣復歸中國（他們腦裡有「南京政府」和「重慶政府」之分）後，他們將受到怎樣的「處置」。

立即回去日本本國也不可能，在日本已沒什麼社會關係；而且敗戰後的日本國土殘破、社會混亂，更重要的是嚴重的缺糧，連溫飽也不可能。他們在台灣有家有業，社會秩序尚稱良好，至少溫飽還沒問題，形式上政權還在日人手中，又是已經住習慣的地方，有些人還是在台灣出生的，台灣已是他們的故鄉。因此，已成了戰敗國國民的在台日人，一直到十月底台灣光復正式失去政權爲止，絕大多數的人都想繼續居留在台灣，都沒有離開台灣的打算。而且，戰敗國的國民暫時也沒有選擇前途的權利。

第六節　台灣皇民化階層的自治（獨立）動向

在這數週中，台灣社會內部產生了十分激烈的階層變化。特別是被皇民化的階層，因爲其實質利益、地位或其思想、感情已完全依附於日本的殖民、軍國體系，成爲其結構的一部分。日本無條件投降和台灣將復歸中國的大變動，他們與在台日人一樣，受到極大的衝擊，擔心將失去一切；他們更擔憂復歸中國後，他們的皇民背景會不會受到迫害；再加上他們長期受日本軍國主義的思想灌輸，特別是青壯年層，早已深植了扭曲的中國觀，蔑稱中國爲「支那」，蔑視中國土匪橫行、賄賂、貪污、污穢、強權政治等等。既然日本帝國崩潰了，爲了自保，他們開始產生了台灣自治，進而台灣獨立的想法和行動。在當時的總督府警務局八月份治安報告書中，關於這問題，有比較值得參考的描述，譬如：

想到重慶政府統治下台灣將面臨的混亂，「本島人有識層及青壯年層」面對日本戰敗的冷酷事實，認爲再談持續日本的統治已是多餘，又不願被置於重慶政府的統治之下，因此，考慮已皇民化的「本島」的實際情況，希望建立「自治」的氣氛相當濃厚；更進一步展開獨立運動的傾向，也零星可見。

在「本島人」這方，一般並不期待在重慶政府統治下，在民生上會有如現在的安居樂業，勿寧希望對應「本島」的實情建立自治體，更進一步希望「本島獨立」者也不少。特別在有產階級皇民化的青壯年層當中，這種氣氛相當濃厚。

接著，該治安報告書也舉了一個實際的事例：新竹州州參議會議員、資產家黃維生（展南拓殖公司董事長、竹南茶葉公司董事長、總督府評議員），與數名親友協商，預想「重慶軍閥」政治將帶來的後果，爲了保全自己的生命財產，在得到日本政府的承認下，再考慮現在的國際情勢，認爲台灣獨立並非不可能。因此向其所在的新竹州廳提出允許獨立運動的申請。

該治安報告書也提到，當時也出現了要求將「本島」變成日本租借地的說法。陳逸松的回憶錄中，就曾提到有一位叫「秋永」的日本軍官，曾到他的律師事務所商談過「租借台灣」論，這軍官也曾邀請一些親日御用士紳共同商談。

該日本警察的治安報告書，同時也記載了日本警察的治安對策；對於前述要求自治、獨立或租借的動態，其看法與對策是這樣的：

前述的事實與言動，作爲證明日本五十年的政治成果，其心情誠有可諒。但是在現在情勢下的「本島」治安對策上，是不允許的，在阻止或民心指導上應特別留意。

實際上，台灣皇民階層的前述動向，只不過是八月十五日後短短二、三週間的特殊現象；它與日本人日本軍的反應相同，是一時無法接受日本敗戰投降的現實而產生的，一種想用拒降來維持現狀的錯覺。譬如，當時由日軍背後策動、辜振甫等士紳出面的台灣自治案就是一例。然而，進入了九月，隨著日軍接受投降的現實以及國民政府軍政人員和美軍接踵來台，皇民階層的這種傾向卻一變爲光復意識，轉而熱烈歡迎國民政府。

第七節　台灣自治（獨立）事件的虛與實

這是八月十五日以後到八月二十二日，一星期之間所發生的事件；它是一齣由不甘投降的在台日軍最高參謀在背後策動，推台灣士紳辜振甫、許丙、林熊祥等人出面擬組「台灣自治委員會」，後遭台灣總督安藤嚴加制止而告終的鬧劇。

依據一九四七年七月廿九日，台灣警備總部戰犯軍事法庭對「辜振甫等內亂案」的判決書，這事件的大要如下：

日軍少佐中宮悟郎和牧澤義夫不甘投降，想假借台灣自治之名拒降。在八月十五日日本宣布投降後，隨即草擬台灣自治草案，網羅台灣士紳來主持，並內定辜振甫任總務部長，許丙任顧問，林熊祥任副委員長等；同時擬定自治協會，由日人主持。中宮、牧澤等於十六、十七日先邀素識之辜振甫，後商邀許丙和林熊祥等人。當正在勸誘其他士紳擴大範圍時，爲安藤總督聞悉。同年月的二十二日，恰好有台灣士紳杜聰明、林呈祿、羅萬俥、簡朗山等拜會安藤，辜振甫、許丙、林熊祥亦在同席，安藤發表談話，告誡島民不得輕舉妄動，並明示禁止有圖謀台灣獨立或自治之舉，辜等知事不可為，遂取消圖謀。

另外，依據黃天才、黃肇珩合著的《勁寒梅香——辜振甫人生紀實》書中記載，辜振甫曾提及該事件的梗概；雖然並不完整，亦反映了當事人的看法，頗有參考比對的價值。茲將書中有關該事件的重要部分（頁八一—八四及一〇〇）摘述如下：

有一天，辜振甫回憶，台灣軍司令部兩名中校參謀中宮悟郎、牧澤義夫來訪，表示在中國軍隊還沒有來到台灣接收前，台灣可能發生動亂，因為日方已失去統治之權，治安會有問題，他們探詢是不是有組織治安維持會的必要。……

他們還出示一份「台灣治安維持會」委員的建議名單，主任委員是林獻堂，委員有楊肇嘉、羅萬俥、許丙、陳炘、辜振甫等，都是台籍的代表性人物……。振甫一看這名單，心中了然，日本軍人別有用心，他敷衍過了兩名日軍參謀，決心阻止日本少壯軍人的妄動。

於是辜振甫立刻單獨去見日軍參謀長諫山春樹，指出日軍這一行動「十分不妥」，不應任其擴大，並建議告知台灣總督安藤利吉，曉以利害。總督安藤立即召集會議，參加會議的有許丙、簡朗山、林祥熊、辜振甫等人，林獻堂因遠在台中霧峰未能參加。辜振甫說：

安藤總督在會中表示，日本雖然投降，仍會維持過渡時期的地方安寧秩序，現有部分日本少壯軍人想藉維持台灣治安爲由，籌劃類似「武力運動」之流，一定要加以壓制，以免被誤會是在策劃「台灣自治」運動。……安藤對許丙說，你是老大哥，希望把這些話，轉告地方人士，安撫人心，許丙答應了。

許丙邀集二十多位台北州議員、市議員，在他家裡（台北圓環附近）開會，他說，總督希望我們大家在地方上不要亂。他並要求出席安藤總督召開的會議中最年輕的辜振甫，代爲轉述安藤的話，辜振甫照實重複一遍總督的說詞。沒想到，這一番重複轉述，招來一場「政治冤獄」，半個世紀以後，還被有心人士引用質疑。

辜振甫說：「本人挺身舉發，防患未然，竟然落得如此，這眞是一件莫大冤枉的事，我覺得非常非常委屈。」

……

辜振甫推析說：這個案子，大概有人去送黑函，新政府不能完全不管，調查審問結果，只有如下三項事實：

一是，日本少壯派軍人，確實醞釀「台灣自治」（日本人嘴裡從不說「獨立」，而是用「自主」或「自治」），別有所圖的居心。

二是，安藤總督曾召開會議表示反對，希望大家把他的話，轉告地方。

三是，許丙依總督要求在他家裡開會，總督先前談話的內容，原本是要許丙轉述，但他因爲辜振甫年紀最輕，所以指定辜振甫重述總督的話。

對於他親身經歷的這個事件，辜振甫還是重複他的感想，他說：

儘管我們覺得委屈、冤枉，但是，我內心很平靜。因爲當我獲悉日本軍人妄動以後，鼓起勇氣，立即通報日軍領導人，得以制壓國家亂源，我盡了匹夫之責。

安藤總督於二十四日，在當時台灣的唯一報紙《台灣新報》上，把當天對「本島有力人士的來訪」的談話，以〈時局急變與本島的今後〉爲題，刊登出來。他特別提及，依開羅宣言，台灣的主權和歸屬必然轉換。他又提出了七項今後重要的措施，它包括：一、治安的維持；二、確保食糧增產；三、盡力協助出征的本島人士歸台；四、想要繼續居留台灣的「內地人」的意志，依民主主義原則應該會被接受；五、國民義勇隊要存續；六、受徵召者要順利復員；七、無法馬上歸鄉的兵力，應減少「本島」的負擔，協助「本島」戰禍的恢復。其中第一條關於維持治安，就是針對台灣「自治獨立」問題的，其全文如下：

切望「本島有力者」強力協助，還有如「本島獨立運動」者，不管是「內地人」或「本島人」，不論採取怎樣的方法，絕對是禁止的；因爲它將加倍「本島」的受難，而且陷帝國於危難。

實際上在八月廿六日「內地人有力者」來訪時，安藤總督的談話也重提了同樣的內容；可見得它也有告誡在台日人的成分。

一九四八年夏天，有一署名北條儀兵衛者，在日本福岡的《日本新聞》上，連載了一篇原題爲〈不能忘卻的台灣〉的長文，提到關於辜振甫等的「台灣自治（獨立）事件」的真相。依內容來看，作者應是安藤總督相當側近的智囊。該文經人譯成中文，以〈台灣尋夢錄〉爲題在當時的《台灣晚報》連載。其第一章的標題，就是「台灣獨立之策動與失敗」。依其說明，這事件的真正幕後主謀者，是台灣軍參謀長諫山春樹。諫山在八月十五日向安藤總督建議拒絕敵人上陸並作本島決戰的準備而遭拒絕後，轉而策謀由台灣士紳出面，用民族自決的招牌，以自治之名行拒降之實。作者也寫到了，事後安藤總督曾對他說：「在皇國的統治將退出本島的時候，他們的恐懼，固屬人情之常，但是如果沒有本邦人暗地曾向他們表示願意支持他們，他們決不會有要求獨立的膽識。」可見得，沒有日軍主戰派的背後策動與支持，台灣士紳是沒有實力和膽量，去推動台灣自治（獨立）的，何況當時還是在日方軍政強大的統治之下。

該文也提到，八月廿三日的清晨，有許多低階軍官跑進總督官邸，向總督提出陳情書，要求拒降並進行焦土作戰的準備。這陳情書的大意是：「皇軍決不能低頭屈膝，也決不能將苦心經營的台灣拱手讓人……我們必須與敵人作最後的決戰，……二十萬的生力軍，絕對可以用命……至少我們必須把本島化為一片焦土，使敵人登陸之後，無可利用，如果總督不肯允我們，我們即將開始下面的破壞行動……」

當然，這行動也被安藤斥退了。其實這個行動已策劃五日之久，但為了期待自治（獨立）運動的變化，牧澤義夫少佐勸他們再忍耐一點，直到自治（獨立）運動失敗後，這批軍官才倉促提出陳情。如果這批在台日軍的拒降實現的話，台灣將成一片焦土，歷史又將改寫了。

第三章

昂揚的光復意識

進入了九月，兌現日本無條件投降的歷史性場景，正一幕幕的上演；從東京灣上的受降禮，到南京的受降禮，一直到日本向中國派遣「謝罪使」並表示「懺悔」之意。這使幾乎處於「孤島」狀態的台灣居民，不分日人或台人，真正體會到日本已戰敗的事實，開始務實地面對未來。

在台日人從驚愕、抗拒的心理狀態，轉變爲憂慮未來的生計和出路，普遍興起居留台灣的願望；開始改變對台灣人的態度，並心存「日華親善」的想法。

台灣民眾拋開了對日人的警戒態度，表露了昂揚的光復意識，到處都在慶祝日本投降台灣復歸祖國；從街頭的熱鬧景象，到原本被日人禁止的鞭炮、舞龍舞獅等傳統習俗大舉復現，以及各處出現的表達「歡迎國民政府」的牌樓、標語、國旗等，一夜之間，台灣恢復成了日人口中的「支那町」了。

在這同時，新生的台灣開始萌芽，自發的民眾組織「三民主義青年團」以及「台灣學生聯盟」，開始取代日漸式微的殖民政府統制力，維持社會秩序和治安，並宣揚三民主義建設新台灣。

台灣民眾上上下下都充滿昂揚的光復意識，充滿了自信和對祖國的期待。

第一節　密蘇里艦上的受降——舊時代落幕新時代誕生的日子

爲了處理盟軍進駐日本以及日本受降的具體事宜，日本於八月十九日派遣了由河邊虎四郎中將所率領的軍事團飛往馬尼拉市，與中、美、英、蘇四國的代表團會談。會談上盟國把第一號訓令交給了日方代表，該訓令命令日本大本營通令亞洲各地日軍放下武器無條件投降，並詳細劃分了各地區日軍投降的對象。會談於廿一日結束。會談結果決定，盟軍將於八月廿六日以後陸續進駐日本，第一批先遣部隊將於廿六日抵達日本厚木機場，艦艇也將進入東京灣；受降典禮將於九月二日在美國的密蘇里號軍艦上舉行。大時代的巨輪正快速前進。據日本報紙的分析報導，謂日本的受降儀式，在形式上將與納粹德國的不同；納粹德國的受降儀式中，盟軍並不承認其中央政府的存在，而日本的受降儀式，則承認日本中央政府和軍方大本營的存在。還有，納粹德國的受降書上只有德方簽字，盟國並沒有簽字，而日本的降書上不但有日本代表的簽字，盟國代表也簽字。可見得，日本的受降儀式，乃是以承認日本中央政府和軍方大本營的存在而進行的。

八月三十日盟軍最高統帥麥克阿瑟抵達日本的厚木機場；同時，有三百八十艘艦艇駛向橫須賀港，另有二千名駐軍從橫濱登陸，隨行的各國記者共達一百多名。

受降儀式，在美國主力艦「密蘇里」號的右舷甲板上舉行。當天雨雲低重，儀式從九時開始，先由日本中央政府代表外相重光葵簽字，繼之，由日本軍方代表參謀長梅津美治郎簽字。日方代表簽字完後，由盟國最高統帥麥克阿瑟簽字，後由美國代表尼米茲元帥、中國代表徐永昌上將、英國、蘇聯以及澳、加、法、荷、紐各國代表順序簽字。簽字儀式歷時十九分鐘。最後，千架的B—二九戰鬥機由東方飛來，鋪天蓋地地越過「密蘇里」號上空。這個歷史性的儀式，於九時三十分結束。它標誌著，世界人民反法西斯戰爭的最後勝利，世界歷史將往前跨一大步。

同樣在九月二日，日本大本營遵照盟國的第一號訓令，命令國內及國外各日軍司令及武裝部隊立即停止作戰，放下武器，居留原地，向各地盟軍司令無條件投降。中國戰區（東三省除外），台、澎及北緯十六度以北的越南之日軍，向蔣介石投降。東三省及北朝鮮（北緯卅八度以北）及南庫頁島之日軍，則向蘇聯軍司令投降。日本本土及朝鮮（北緯卅八度以南）及菲島日軍，則向美國太平洋方面海軍總司令投降，其他東南地區，則分別向蒙巴頓元帥或澳軍司令投降。

1945年9月2日上午，麥克阿瑟將軍代表盟軍接受日本投降，受降儀式在東京灣内美軍主力艦「密蘇里」號的右舷甲板上舉行。圖右下穿深色服裝者爲日本投降代表。

密蘇里艦上受降典禮，左側站立者爲麥克阿瑟將軍，右簽降書者爲日軍代表梅津美治郎。(梅丁衍教授提供)

密蘇里艦上受降典禮，圖正面是盟軍代表，左邊是蘇聯代表在降書上簽字，右邊肅立者是日本政府代表重光葵和日軍代表參謀長梅津美治郎。

1945年9月9日，中國戰區日軍投降典禮在南京中央陸軍軍官學校舉行。圖爲受降會場全景，正面長桌前就座的爲盟國代表，正中右側爲中國代表，左側爲日本代表。

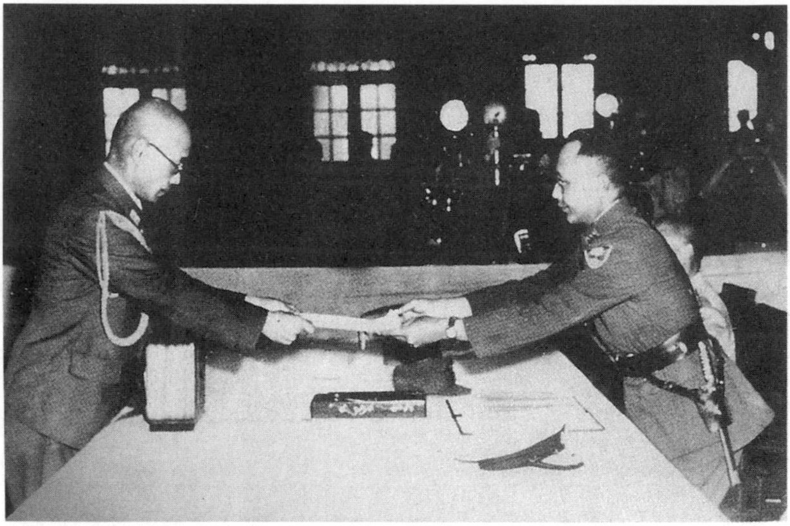

日本中國派遣軍參謀長小林淺三郎(左)向中國陸軍總司令何應欽呈遞降書。

從八月三十日到九月六日，麥克阿瑟所率領的美軍數十萬人陸續進駐日本，掌控了日本各大都市。美國聯合參謀總部行文麥克阿瑟，賦予他極大的權力，文件中說：「日皇和日本政府，是在你的領導下被授與治理國家的權力……我們和日本的關係，不是以契約，而是以日本無條件投降爲基礎的。」九月七日，麥克阿瑟在日本東京成立了「盟軍最高總司令部」（簡稱「盟總」GHQ），全面掌控了日本，盟總以「指令」的方式指揮日本政府且君臨日本，實質上美國排除了其他盟國對日本的權利而獨占戰後的日本，完全依照美國的戰略利益去改造日本。

可以說是二次世界大戰中唯一戰勝國的美國，憑其無敵的實力，早在二次世界大戰結束之前，就描繪著戰後世界的圖像，在各國忙著結束戰爭時，它早已把手伸進了戰後世界。

第二節　南京受降典禮——五十年悲劇歷史的落幕

在日本正式宣布投降的八月十五日，國民政府的蔣介石就以中國戰區最高統帥的名義，致電日本的中國派遣軍總司令岡村寧次，指示他投降六原則，要他立即命令其所屬停止一切軍事行動，日軍可以暫時保持武裝，並負責維持所在地的秩序和交通，並派代表向中國陸軍總司令何應欽投降。

八月十八日，蔣介石明令何應欽全權處理中國戰區日本投降事宜，並把中國戰區分爲十五個受降區，而台灣、澎湖被列爲第十五受降區，受降地點在台北，受降主官是陳儀。

九月九日，「中國戰區日本投降簽字典禮」在南京原中央陸軍官校大禮堂舉行。會場彩飾著「和平勝利」、「和平永奠」的大字，壁上也綴上一個大的紅V字，表達了這一歷史時刻的心情。典禮有千餘人參加，日軍投降代表以岡村寧次及參謀長小林淺三郎爲首共七人，一律著戎裝但未佩刀。典禮於九時開始，歷二十分鐘結束。降書簽完字後，中國代表何應欽將中國戰區最高統帥的第一號命令交給岡村寧次，命令日軍立即停止一切敵對行爲、暫時保管一切，武器裝備不得毀損、協助中國軍隊之接管行動……等。受降後，岡村寧次被任命爲「中國戰區日本官兵善後總連絡部長」。

這個受降典禮，宣告了日本五十多年來從蠶食中國乃至全面侵略中國、蹂躪中國大地的悲劇歷史的落幕。日本嘗到了無條件投降的惡果；中國人民也從百年來受盡帝國列強欺凌的歷史中解放出來，中國民族在世界上獲得了自由平等的地位，終於站了起來。

第三節　祖國未忘省民？——台灣士紳參列南京受降典禮之謎

八月廿三日，中國戰區中國陸軍總司令部致岡村寧次的第十二號備忘錄中，指示岡村「立即召集越南北緯十六度以北，及台灣、澎湖之日軍最高指揮及全權代表，於九月二日以前齊集南京，準備與貴官同時參加簽字，並接受本總司令之命令」。接到這指令，台灣日軍以參謀總長諫山春樹全權代表出席。這個指令，也是促成在日軍安排下，台灣士紳林獻堂、辜振甫等人，於八月卅一日赴京、滬謁國民政府高官的最重要原因。

在這時候，原本策謀台灣御用士紳出面搞台灣自治（獨立）而拒降的日軍，在行動失敗後，自知無力回天，只有順應時局，趁赴南京參加受降典禮之便，順便推台灣士紳出面搞「日華親善」，到南京歡迎陳儀並參加受降典禮。依林獻堂先生年譜的記載，其經過大致是這樣的：

八月三十日，原策謀台灣自治（獨立）的中心人物，日本台灣軍高級參謀牧澤義夫，到霧峰林宅，勸林獻堂到南京歡迎台灣省行政長官陳儀，林義不容慨概然答應。當日即乘車北上，翌（卅一）日，與辜振甫、許丙、林熊祥等前往台灣軍司令部會見諫山春樹參謀長，商談數十分鐘後，於下午一時搭飛機前往上海，同行的還有日方軍政人員。林獻堂在九月一日在上海會晤了陳儀留日時的好友、行政長官公署顧問李擇一，探詢陳儀長官的消息，李謂現尚無法聯絡，擬託蔣介石駐上海代表蔣伯誠將軍代為聯絡。九月六日，在上海接到日本海軍司令部的傳話，說蔣委員長命何應欽將軍，電命台灣總督通知林獻堂、羅萬俥、林呈祿、陳炘、蔡培火、蘇維樑等六人，到南京參加九月九日的受降典禮。九月八日，林偕辜振甫入南京往晤諫山參謀長，諫山說：將為台灣軍代表參列典禮，你們不須參列，遂作罷沒有參加。（事後，林獻堂等會晤何應欽時，始知被諫山所騙。因為十日與台灣省行政長官公署秘書長葛敬恩同晤何應欽於總司令部時，何問他昨日的受降典禮為什麼沒來參加，林以諫山之言告之，何甚為不悅）。九月九日由日本軍人梶原少佐引導會晤葛敬恩秘書長，雙方針對台灣的政治、經濟、言論、法律及日人居留等問題，作了毫不保留的洽談。九月十三日，偕同陳炘等一行七人搭飛機從上海返台。

回台後的林獻堂，在九月二十日應邀與陳炘一起，在台中樂舞台報告了這趟赴上海、南京的感想，講題是〈兩星期之見聞與有感〉。《台灣新報》在九月廿七日刊登了林演講的要旨，標題爲：「祖國未忘省民——道之以德、齊之以禮、有恥且格」。報告會上，林獻堂提到何應欽親自帶他們參觀了受降典禮的大禮堂，重演一次受降的實況；一一指著說這是自己的席位，那是林呈祿的席位，那是羅萬俥的……，林獻堂自誇地說，指名台灣代表參列受降典禮，是祖國未忘省民的證據。他又提及京、滬的物價與法幣的狀況，希望將來法幣絕對不要流入台灣，葛敬恩也表示，考慮到法幣流入台灣將會造成經濟大恐慌，因此打算在台灣發行新貨幣，將原台銀券以一比一的比例回收。最後，林提到在上海滯留兩週回來後，感覺到台灣的變化太快，有好的也有壞的，壞的地方是獲得了自由以後，發生了如賭博、偷雞鴨、私宰豬牛的失序事件，他搬出了孔子曰，說要教導人民「道之以德、齊之以禮、有恥且格」。

據說當天會場上，有這樣一幕插曲；有民眾質問林獻堂到了南京有沒有去謁中山陵，林答謂實在沒有時間去，結果民眾大怒。

台灣的士紳「有力者」，在八月十五日以後短短的不到三十天之內，從圖謀台灣自治（獨立）到奔赴京、滬欲參列受降典禮，並謁見國府官員。在這兩極間的投機作爲，除了反映當時台灣政局變動之激烈外，如實地顯露了台灣士紳「有力者」，爲了保護其私產和利益，在政治上左擺右搖的本質。

第四節　光復意識的昂揚

進入了九月，日本戰敗投降的事實，正逐日具現；波茨坦宣言的內容也逐步兌現。這使台灣住民不管是日人或台灣人，在心理上產生了新的變化。八月卅一日，大批盟軍進駐日本本土，九月二日在東京灣舉行了受降儀式；九月九日在南京舉行了中國戰區受降典禮。從九月一日十八名美軍和國民政府人員首次登陸台灣以來，美軍、美機、美艦、國府軍政人員接踵而至。唯一的報紙《台灣新報》，在八月廿七日報導了何應欽於八月廿三日任命陳儀爲中國戰區台灣區的受降主官的消息；九月一日也報導了國民政府任命陳儀爲台灣省行政長官，當日在重慶成立台灣省行政長官公署的消息；九月二日報導了陳儀治台方針的談話內容。這些節節發生的事實，使台灣民眾正感受到日本已徹底戰敗，台灣復歸祖國已成鐵的事實。自此，原本害怕日人日警日軍，而壓抑不敢表露的民族情感，一夕間爆發出來，匯聚成復歸祖國的歡聲。自此，光復意識，復歸祖國的期待已成了全體台灣人的共同意識。特別是，台灣的「有力者」原皇民化士紳，也態度一變，成了歡迎祖國的急先鋒；為了將來在國民政府來台後，能得到身家資產的保障以及榮達而到處鑽營；且想乘日本資本沒落之時，取而代之，進出金融產業。他們表露出戰勝國國民的心理態度，開始排斥日本人。並在有些地方組織了「國民黨地方支部籌備會」或「三民主義同志會」等等。

這時，各地正流傳著陳儀將於九月十五日來台的消息，於是以陳炘為中心，從台北到全島各地都成立了「歡迎國民政府籌備會」。到處懸掛國旗，搭建慶祝牌樓。長期被日人禁止的歌仔戲、布袋戲、舞龍舞獅也都隨著人們解放的心情紛紛出籠。台北的大稻埕，到處飄揚著國旗和「慶祝台灣光復」的標語，各家店舖都擺出應有盡有的商品，琳瑯滿目。街上擠滿人潮，每個人都穿著新鮮亮麗的衣裝，臉上充滿著歡喜的表情；街頭徹夜鳴放爆竹。台灣總督府警務局發行的九月份「戰後島內治安狀況及警察措施」對台北表情的大變化，無奈地說：「台北完全成了『支那町』的樣子。」「街上的表情，顯然已回復到『支那事變』（按：指一九三七年的盧溝橋事變）前的樣子。」

當時剛剛從軍隊復員的池田敏雄（民俗家、《民俗台灣》的負責人、編輯），在《終戰日記》中也記錄了九月當時台北的熱鬧氣氛：

萬華剛好慶中元普渡，雞肉、米粉、豬肉等佳餚，都是一年來第一次吃到的，大家對中元節都很積極，人心明朗。

祖師廟附近特別呈現活氣，充滿了復興的氣息，賣的東西也多，比起城內的「內地人」，「本島人」的生活力更是旺盛。

與龍山寺主持人楊氏見面，他穿著長者的台灣服。廟庭柏油路兩側排滿了小吃攤，人山人海連走也走不動。公園內也商店林立，賣著青菜、魚乾等。龍山寺的庭前正舞著獅，小孩們朝向獅子丟鞭炮，群眾狂熱。賣柿子、文旦、龍眼、中秋月餅的店，在龍山寺前林立，人潮擁擠。

原本是台籍文化人聚會的西餐廳「エルテル」改名爲「萬朱紅」，裝潢也改爲中國式。「日光堂」書局改名爲「三民書局」，有許多人在外面看；櫥窗上面掛著孫文像，中間是「革命尚未成功」大字，下面是蔣介石像。這布置給予人強烈的印象，「本島人」看了一定會激奮起來。

池田的日記，除了記錄下當時台北街頭恢復往昔熱鬧的景象外，也記錄了當時台灣新的政治、文化的胎動！

九月九日的日記中，記載了有關「歡迎國民政府籌備會」的事：

參與該會的有三派人馬：陳逸松（蔣渭川也合流）、舊御用派以及新御用派。正準備搭建慶祝牌樓及召開民眾慶祝大會，因為傳說中國接收大員將於十五日以後來台。為了爭取慶祝大會上什麼人上台致辭，各派人馬明爭暗鬥。民眾慶祝大會的動員，已取得日本方面的諒解，通過各皇民奉公班動員。……

用餐時有三名青年來訪，他們是為了民眾大會的事來與K兄商量。這些青年的熱氣，讓我感覺到好像又看到戰前左翼運動全盛的時代。……

我想起戰爭中的「皇民奉公班」，自從發動以來大家高喊「內台總親和」的口號，表面上，好像本島有力者和青年們都很狂熱的參加，但是今日看來，眞令人掃興；為什麼沒有讓人感覺到那種像今日青年們打從心底迸發出來的熱烈與亢奮？「島民」的趨向與昨日不同，一夕突變，是因為過去的對策有錯，不可以怪「本島人」這邊。

九月十八日：

台中楊逵兄寄來三份油印的《一陽週報》。

台南佳里吳新榮兄來信，建議應把《民俗台灣》改名爲《台灣民俗》或《台灣民俗研究》，並刊登白話文。蘇新北上，暫住陳逸松家。台南莊松林正在組織「台南新青年會」。

九月廿四日：

在山水亭碰到一年未見的陳逸松，他說：

一、今後彼此的立場完全逆轉了。日本人今後將嘗到的苦頭，我們台灣人已嘗過了。

二、幸好，自己向來與總督府保持距離，始終採取一定的態度。雖然盡了自己的努力，但仍有無法抗拒之處，深感後悔。

三、日本人也許會被下令離開台灣，這是大勢所趨，也是當然的事。但於個人而言，把像你一樣的人一律當作侵略者逐出台灣，我覺得有問題。對於這一點，我將盡力而爲。

四、日語，雖說是將來，實際上不久將會被禁用。當然，日文書的出版將來也不看好。

五、因爲台灣話與北京話的語法相同的關係，從台灣話轉換到北京話，並不如想像的困難。

池田日記記錄了，已投身三民主義青年團運動的陳逸松的政治想法。陳逸松的想法，很大部分代表了當時台灣進步的民族陣營的想法。

同時，在山水亭也陸續來了一些文藝界的朋友：如清水書店的王仁德、陳紹馨、語言學家吳守禮、楊雲萍、黃得時等。池田想，好不容易見了久不見面的朋友，本想和大家好好聊一聊，但知道了大家今天是要談組織新文藝團體的事，便趕忙告辭了。池田心想，大家都充滿了自信和奮勇的樣子，覺得見了面反而失望。他與立石鐵臣一路走一路談到今天偶遇的印象，反芻著今天那些朋友們所說的一字一句，深覺得失望，只有苦笑。

從池田的日記，看到了進入九月後新台灣的胎動：街頭商店恢復了戰前的熱鬧，台灣傳統的風俗、習慣、食物、穿著全部恢復舊貌，街上也充滿歡迎復歸祖國的喜氣；更重要的是在政治、文化上，也出現了一些自動自發組織起來的團體，如三民主義青年團、台灣學生聯盟等。在日本的殖民政權逐日衰微而國民政府還未來台的真空期，這些自動自發組織起來的團體，自主地維持了社會秩序和治安。

第五節　敗戰國民的複雜心情

池田的日記，也透露了在台日人由統治國民變成敗戰國民的共同矛盾心理。即使像池田這樣深愛台灣的鄉土事物，吃住都在萬華，與台灣人共同生活，廣泛結交台灣文化界朋友的日本人，在日本投降成爲敗戰國民後，其內心也充滿了各種矛盾，糾纏不清。其中最明顯的，就是與台灣人共處時產生一種莫名其妙的不平衡的心理，總是擔心或以爲台灣人會排斥他。譬如他在日記中寫道：

往訪K兄，席上有四、五位本島青年，都是舊識。因爲日本敗戰，「內台人」的地位完全逆轉，跟他們見面確有點沉重，然而一旦見面，他們跟敗戰前沒什麼不一樣，大家一直勸酒和挾米粉給我。

與三、四個台灣人同席，其中二、三個是曾經一起喝過酒，一起聊過天的朋友。這些人的談話大多用台灣話，不知怎樣覺得透不過氣來，不想再坐下去了。

進入了九月，在台日人聽聞了日本投降後的實況，逐漸意識到作爲敗戰國民的現實。又聞及戰後日本嚴重缺糧和空襲被炸的慘況，因而覺悟到已無法回到日本，只有繼續留在台灣；即使不得已要取得中國籍，也可以作爲中日親善的橋樑，爲日本盡力。在這樣的情況下，在台日人普遍興起了落腳台灣的想法，「中日親善」的思想抬頭，開始改變對台灣人的態度，希望與台灣人合作共度難關。

這時候，因爲廢除了戰時經濟統制，又逢和平時刻的來臨，致使原本囤藏的物資源源不斷地從各處流出，到了泛濫的程度，使物價暫時維持穩定的狀況；由於物價安定，也使治安、社會秩序不致陷入混亂。然而，有識之士也預見了，戰爭所造成的台灣糧食生產的急速衰退問題，今年總生產量必定不及往年的一半，可能無法供給全台人口的總消費量。在九月，糖和米的價格下跌，但交通費、娛樂費及其他非日常必需品卻飆漲了數倍。由於總督府開始濫發官吏的退休金和一年份的生活津貼，致使通貨泛濫，產生了日本人自暴自棄的浮濫消費，經常在街頭巷尾可見到日本人醉漢。

當然，也有許多奇奇怪怪的謠言滿天飛，譬如說：陳儀已經在八月廿五日來到台灣，現在正在草山與日本人折衝中；在台日人將於九月廿五日前全部遣返；在日本有五萬名婦女被徵召當盟軍慰安婦，台灣進駐軍來了後也會強拉日本未婚女子……等等，無奇不有。

這時，由於日本統治力的鬆弛，台灣民眾對日本警察的報復性的毆打事件日益增多，特別對台籍日本警察的辱罵、毆打更爲普遍。

第六節　日本對中國的謝罪與懺悔

在前述的形勢下，日本新內閣立刻改變了對中國的態度，採取了一系列以對中國的謝罪、反省爲基調的政策。九月廿九日的《台灣新報》的頭條以「朝向實現東亞大同，根本調整中日關係」的大標題，報導了這項消息。日本政府對中國的新五大政策包括：

一、派遣赴中國的謝罪使：對於過去日本的對中國政策，應該以嚴肅的態度自我反省；對於中國民眾在「支那事變」、「大東亞戰爭」中所受到的極大痛苦，深深謝罪，並將派遣適當的謝罪使前往中國。

二、成立「對華問題調查會」：嚴肅地對過去的所有「對華政策」進行批評與檢討，摘出其謬誤之處，作爲今後新的出發的基礎。

三、成立「中國研究會」；過去的「對華政策」自始至終只是「謀略工作」，對中國的基礎知識極端的貧乏，今後將進行有關中國的學術上及科學上的調查研究。

四、成立「日華青年會」：徹底清算舊的「支那通」，徹底肅清過去無條件支持政府政策，但事實上阻害了「日華和平」的御用團體和「興亞團體」。將來以新時代的青年爲中心，基於中日雙方的友愛，展開國民外交。

五、在「支那事變」中紛擾不斷的所謂「一旗組」，其行爲當然會受到中國民眾的反感憎惡而不得不被迫回國；而眞正的把中國民眾當朋友，決定把中國當第二故鄉的國人，將會繼續居留中國，繼續致力中日親善的工作。

在報導這項消息的前一天（九月廿一日）的《台灣新報》上，也刊登了九月十八日日本首相在官邸接見中國中央通訊社記者的談話內容，談話中日本首相表達了日本「總懺悔」之意，其大要如下：

大東亞戰爭以日本敗北終結，今天我們先要懺悔，同時反省過去錯誤的「對支政策」；並對身受戰禍的中國謝罪，向全世界宣示永遠放棄「戰意」，一定要以這爲基礎開始建立一個和平國家。對中國的謝罪不只是單單向中國人贖罪而已，還要以日本從內心深處的反省爲事實來表明，以此來消除中、日兩國的「離隔」狀態從日本的受降一直到明確表明對中國的謝罪和反省，日本中央政府這一連串從軍事、政治到道德層次的作爲，大大影響了台灣的民心，增強了台灣民眾的光復意識和祖國意識。

第四章

新生台灣的胎動

經過了東京灣上的受降典禮，以及南京的受降典禮，再加上盟軍進駐日本成立了「盟軍最高總司令部」全面掌控了日本後，以日本投降爲起點的戰後局勢已逐漸明朗；屬於戰前的歷史殘餘，只有逐步走向消亡的命運，讓位給新生的力量。

在台灣，以總督府爲頂點的日本殖民政權也逐漸衰亡，僅剩下空殼維持表面上的秩序，等待國民政府來台接收。代表國民政府的「台灣省行政長官公署」，也在重慶成立，並加快了準備接收台灣的腳步，一步一步地走近台灣。在這個舊的未去新的未來的政權真空期，台灣社會自然地出現了新生的氣息，從熱鬧的商店街到歡迎國民政府的牌樓，再加上高昂的民族情感，一夕之間台灣恢復了中國社會的原貌。

以三民主義青年團和台灣學生聯盟爲主的政治團體，匯集了台灣新生的政治力量和高昂的民族感情，塡補了這政權真空的時期，不但維持社會秩序，排解糾紛，監視日人日軍的動態，要求御用士紳退場反省的工作。還扮演了時代啓蒙的角色，宣揚三民主義的進步思想，倡導新生活運動等。

第一節　祖國的腳步聲

隨著日本投降儀式的完成，日本事實上已成了任戰勝國擺布的戰敗國，在台灣的日本殖民政權也隨之鬆弛，瀕臨崩垮的前刻，但國民政府還未正式來台接收。在這個幾乎是政權真空的九月，台灣民眾純潔無垢的民族情感，以及高昂的光復意識，維持了台灣社會的秩序；也可以說它是在台灣的中國民族意識的復興。

在這高昂的民族情感中，台灣民眾聽到了祖國的腳步聲，雖然還遠，但已一步一步地走近了台灣。它就像前面各章節所提到的一樣：

八月廿三日，何應欽任命陳儀爲中國戰區台灣地區受降主官。

八月廿九日：國民政府特任陳儀爲台灣省行政長官。

八月三十日：國民政府續派任行政長官公署秘書長及各處處長。

八月卅一日：最高國防委員會交下臨時性的「台灣省行政長官公署組織大綱」。

九月二十日，國民政府才經立法程序正式公布「台灣省行政長官公署組織條例」，它是台灣光復行政體制的基本規範。

九月一日：在重慶市成立「台灣省行政長官公署」及「台灣省警備總司令部」臨時辦公室。

同日，有十八名中美軍政人員搭日方砲艦來台，他們是日本投降後第一批來台的盟國人員。據悉，其目地是調查並解放英美戰俘，以及爲台灣接收作準備。這批軍政人員，在抵台幾天之內，就解放了位於大直、圓山、松山等地的英美俘虜一、二八七名。這十八人中，有三位是國府軍政人員，算是第一批來台者；其中名銜爲「台灣義勇隊副隊長」的張士德，是奉李友邦之命來台，來台後積極發展「三民主義青年團中央直屬台灣區團」的組織。另外一位「福建省政府顧問」黃澄淵，是受美軍駐福建軍務處之招聘來台，在國民政府人員還未來台之前，他被視爲國府代表，到處受到歡迎，像「請媽祖」一樣地爭著請他出席會議並演講。另一位是軍委會中美合作所閩南區指揮部上校參謀的黃昭明，他們與張士德同是「軍統」系統的人。

九月二日：陳儀在重慶，表示今後台灣省之政治方針，必須遵行孫中山遺教，徹底實行三民主義，在文化思想方面，須先推行國語運動。

九月四日：國民政府發布對台灣的布告：宣布根據「波茨坦宣言」，台、澎應交還中華民國；本政府即將派行政及軍事各官吏前來治理，凡我在台人民，務須安居樂業、各守秩序……所有在台日本陸海空軍及警察，皆應靜候接收，不得逾越常軌……云云。

九月七日：國民政府派陳儀兼台灣省警備總司令。

九月十四日：被任命爲全中國戰區日本空軍、航空接收負責人，中國空軍第一路司令張廷孟，於是日來台，進行在台日本空軍的接收準備事宜，於十八日完成任務飛回南京。

九月廿一至廿六日：中國空軍士兵約二百人進駐台灣，分別進駐台北、台中、嘉義、屏東等四機場。

九月廿六日：陳儀在重慶舉行外國記者招待會，會中發表治台施政方針。他表示：收復台灣後，第一要考慮的是教育問題，恢復國語和歷史教育，促進台灣人自由發展自己的能力；預備在各縣市實施地方自治，維持原有日本的生產企業，使其利潤爲台灣民眾所享，提高福利。

九月廿八日：在重慶成立「前進指揮所」。

第二節　比國府更早來到的美軍

八月十五日以後的兩星期，台灣陷在暗喜、焦慮、不知所措的複雜心情中，但仍在平靜且無大事中度過了。只有美軍軍機不斷在台灣上空低空盤旋，不知是爲了偵察還是威嚇。雖然《台灣新報》在日本宣布投降的翌日（八月十六日），就刊登了波茨坦宣言的全部內容，而且也很快就刊出了「開羅宣言」的內容，該兩宣言說明了台灣將復歸中國，一般人也大致知道了台灣將來的去處，然而，並未望見國民政府的來臨。

在這時候，已有許多批美軍先後來到台灣。

九月一日清晨，第一批美軍和三名國府人員共十八名，搭乘日軍砲艇從廈門到基隆。九月五日的《台灣新報》刊載了這批人馬解放了一千多名盟軍戰俘的消息。據說這批美軍是國民政府軍統局所轄「中美合作所」的情報人員，直接受命於美國的「戰略服務處」，是來台收集有關情資的。

第二批美軍於九月五日到七日在台灣各處登岸，將一千多名美俘撤出台灣。

第三批美軍，有十五名軍官，他們於九月十日從昆明直飛台北，進駐草山的日軍招待所。據說這批美軍係代表美國「戰略服務處」，來台灣調查民情、社情和政治狀況。並從日本憲兵手中接收了有關台灣共產黨活動的資料。

1945年9月，第一批美軍和國府官員抵台，他們很快地解放了一千多名盟軍戰俘。圖爲囚禁在台北縣金瓜石之被俘盟軍被釋放，踏出營區時的情景。

三民主義青年團是1945年9月以後維持台灣社會秩序的主要力量之一，圖爲台南分團成立典禮。(《吳新榮回憶錄》，前衛出版社)

李友邦將軍率領的「台灣義勇總隊」抗戰期間在福建相當活躍，也是台灣三青團發展的幕後主導人物。圖爲1945年8月福建龍岩地方人士歡送李將軍及夫人(前排右二、三)榮旋台灣合影。(圖片提供：嚴秀峰)

李友邦夫人嚴秀峰女士(前排右五)於三青團座談會後，與台灣省婦女界代表合影。前排右一爲鄭玉麗，右七爲謝雪紅。(圖片提供：嚴秀峰)

九月十六日，第四批美軍飛抵台北，他們屬於「美軍戰歿註冊處台灣組」，主要任務是深入全島各地搜尋死亡的美俘遺體，或失蹤的飛行員及美機殘骸。

可以說，在國府軍政人員只有極少數人來台的九月，已有許多美軍來到台灣。實際上，當時的國民政府仍地處中國的大西南，全國復員、接收工作的海空運輸，大多要依靠美軍。甚至十月大量來台接收的國府軍政人員，其來台交通都要靠美方軍機軍艦的輸送，整個戰後中國的海空運輸幾乎都掌握在美軍手中。

第三節　新生台灣的氣息

九月十日，台中地區以原「台灣地方自治聯盟」的成員張煥珪、洪元煌、莊垂勝、葉榮鐘……等爲主，在台灣信託公司台中支店，由陳炘主持召開了「歡迎國民政府籌備委員會」，葉榮鐘任總幹事，開始展開慶祝台灣光復的活動。

九月廿一日的《台灣新報》，出現了以「歡迎國民政府，島都的準備著著進行」爲標題的報導，其全文如下：

台灣光復的喜悅現正在全島各地爆發，各地都爲了準備歡迎國民政府而忙碌，在「島都」（台北），以設在永樂町一丁目的台灣信託會社爲據點的「歡迎國民政府事宜籌備會辦事處」，現在正積極地向全島各地呼籲；在接收當日，除了舉行「慶祝台灣光復及歡迎陳行政長官民眾大會」之外，下面的許多活動也要眞誠地展開，除了祝賀台灣光復的歷史佳節之外，還要展現重建台灣的決心：

一、各户要懸掛青天白日滿地紅的國旗
二、各户要張燈結彩
三、市内大道設歡迎門
四、演藝大會
五、列隊歡迎
六、青年學生遊行

如果這篇報導反映了台灣「有力者」士紳們歡迎光復的實際情況，在它的左邊就有一篇描寫台灣庶民社會歡樂實景的報導。這個名爲「街頭拾零」的專欄，標題是：「像洪水的商店街——回到昔日般的今日的熱鬧」，該文以報導文學的方式，十分形象地反映了台灣進入了慶祝光復的九月的表情。

從光輝的大拱門為起點，一路蜿蜒的店、店、店的氾濫；從萬華車站到龍山寺，這些店鋪的洪水，不是新台灣的象徵是什麼？牛、豬、鳥、雞、鴨肉像山一般地堆放在店頭，煽動著熙攘市民的胃口……高聲叫賣的聲音和客人的哄笑，充滿了從戰爭的桎梏解放出來對自由的祝福，昂貴的價格也成了超越顰蹙的微笑，市民的購買力把有識者的杞憂全拋在九天雲霄之外……這是人生很難再逢的場面，店攤上居然也出現了走馬燈、軍靴等軍用品，這是戰爭的遺產，它脈動著超越理非善惡層次，對現實痛烈的批判。變回昨天的今天的姿態，強而有力的新生台灣的氣息，正從這個龍山寺廣場燃燒起來，我想距離全島各地都步調一致地走上這和平戰列的日子，該不很遠吧！

另一方面，這時，幾個自發的社會運動團體也誕生壯大了。如三民主義青年團、台灣人民協會、台灣學生聯盟、台灣留學國內學友會等。這幾個團體對台灣社會有很大的影響，它標誌了新生台灣的誕生。

第四節　三民主義青年團——政治黎明的象徵

台灣青年作爲中國青年的一份子，有加入三民主義青年團的權利，同時也有義務；因爲，三民主義青年團是引導中國往正確方向前進的民間政治團體。台灣正逢大變革的新生，在這時候，作爲推動社會前進力量的各種三民主義團體，很自然地自發地在台灣各地組織了起來，這是什麼人也無法阻擋的民族力的發現，政治上黎明的象徵。三民主義青年團這個全島性的組織，在把這樣的全島各地自發的三民主義團體，以一定的思想和方向爲基礎編組起來，是不可缺的。這也是三民主義青年團當前最重要的政治工作。

這是十月二日的《台灣新報》上的一段文字；該報以全版介紹了三民主義青年

團，十分扼要地說明了成立不久的三青團的性格以及主要任務。

三青團可以說是，八月十五日後一直到陳儀來台前後，最重要的、最廣泛且最有影響力的民間政治團體。在這短暫權力真空期，它幾乎成了一個初級的自治政府；在維持社會秩序、治安，戰後重建，以及排除日台舊勢力建設新生台灣的工作上，發揮了重要的作用。

它的正式名稱是：「三民主義青年團中央直屬台灣區團」，在初創的一段時期，其名稱後再加上一個「籌備處」，簡稱「三青團」。其起源是這樣的：

九月一日第一批登陸台灣的十八名中美軍官中，有一位台灣籍的張士德，他是台灣義勇總隊的副隊長，受總隊長李友邦指示回台。張士德原名張克敏，台中豐原人，早年曾赴中國廣州就讀黃埔軍校（第四期？），一九二八年因故被國民黨軍警逮捕，險遭處刑，後以「台灣籍民」身分被遣送返台。返台後積極加入台灣農民組合的活動，曾與謝雪紅一起工作。不久，台灣左翼被大檢舉，張又赴大陸，一九四二年擔任李友邦領導的台灣義勇隊區隊長，以「馬士德」之名在台灣義勇隊活躍。

張士德來台後，以「三民主義青年團中央直屬台灣區團籌備處總幹事」的職稱，展開組團工作。同時找著名律師在文化界、知識界有影響力的陳逸松協助，並任命他為「三民主義青年團中央直屬台灣區團部主任」。陳逸松很快地成立了台灣區團籌備處，對於當時籌備的情形，在他的回憶錄上說道：

> 每一位有良知、有血性的台灣人都想對祖國有所貢獻，很多人都擁來參加青年團，正如吳新榮所說：「這個響亮的名字，已使每一個來投者都感覺非常的光榮和驕傲」，所以台灣分團很快就組織起來了。我自兼團長，黃啓瑞任青年股長，林日高任組織股長，謝娥任婦女股長等。

日本投降、台灣脫離殖民統治。從殖民統治解放後的台灣民眾，民族情感沸騰，要求實現民主、正義的情感也高漲，熱烈期望以集體的力量，自己管理自己。此時，「三民主義青年團」的出現，馬上匯集了這股沛然不可禦的巨大社會力；而且對於從日據期就從事社會運動的人而言，不管是民族派或左派，三民主義及孫文思想一直是他們共同的景仰，它代表祖國的進步思想與力量。三青團的出現，馬上吸收他們加入，構成了三青團堅強的核心力量。

三青團在全島各地得到強烈的支持，組織很快地擴展出去。當時人在台南佳里，行醫並從事地方文化、政治紮根工作的吳新榮，在他的回憶錄中提到，陳逸松派人告訴吳新榮現在正與祖國派來的三青團部人員接觸，吳新榮對接到這消息時的形容是，真如「白日見著霓虹那樣，始接著祖國的吐息，非常興奮」；「雖對三民主義青年團未有完全和充分的認識，但深刻地感覺著需要一個政治團體來擔起再建的任務，和維持社會秩序。所以自願做一個先驅者來組織三民主義青年團」。

三青團可以說幾乎包羅了日據期從事社會運動、民族運動的成員和力量；連重要的前台共成員也都積極參加。譬如八月十五日以後相當活躍的蘇新、王萬得、潘欽信、蕭來福、王添灯等也都加入了三青團台北分團。創辦初期，三青團以行政區分五個分團，有台北、新竹、台中、台南、高雄，台北分團主任是陳逸松，新竹分團是原台灣民眾黨的陳旺成，台中分團主任是張信義，重要成包括楊逵、葉榮鐘、呂赫若、林碧梧、石錫勳、莊守等。台南分團主任是莊孟侯，在佳里的吳新榮則任「曾北分團」負責人。高雄分團職員有原農組重要領導人簡吉、楊金虎、吳海水等。日據末期羅織冤獄「東港事件」的受害主角吳海水擔任分團主任。

三青團的運作，其規章都由台北制定，各地分團自行運作，遇有問題，齊聚台北商量研究。

陳逸松描述當時三青團的盛況：

青年團成立以來，我的事務所和團部，每天都有數百人進出，我眞個是忙碌非凡，日理萬機。……日本軍部常來與我洽談，北署長每天都來請示，我都要指派工作給他們做，所以我是行政官。在治安方面……我變成裁判官。在經濟方面，我也變成督導官了。

陳逸松形容道：

當時我這個青年團主任，事實上等於是一個地方政府

陳逸松評價三青團在當時的重要作用時說：

從日本投降到台灣光復的七十天中，台灣政治形成無政府的眞空狀態，青年團暫時塡補了這個眞空。……在青年團的主導下，共同努力，不計名位，

沒有報酬，把社會秩序維持的井井有條，展現了台灣人從未有過的活力，創造了政治史上罕見的自治奇蹟。

三青團與投機的御用士紳是對立的，因此他們推動一個口號，那就是：

歡迎陳儀長官蒞台主政，要求御用紳士退場反省。

這個口號，成爲當時台灣民眾的共同心聲。

剛剛成立時正式公布的三青團宣傳標語，簡明扼要地表現了三青團的中心任務，它的內容如下：

壹、民族問題：

一、回顧五十年來之一切苦楚。

二、警告御用士紳退場反省。

三、慶祝光復，勿負光復之大義。

四、勿忘祖國抗戰陣亡幾千萬英勇戰士。

五、追念革命先烈致敬民族解放之犧牲者。
六、發揚民族文化、貢獻國家、實現世界大同。
七、以國家民族爲先，以家庭個人爲後。
八、普及國語、推行識字運動。
九、完成國民革命、復興中華民族。
十、遵奉總理遺教、實行三民主義。
十一、力行蔣委員長主張、建設三民主義新台灣。

貳、民權問題：

一、大家起來協力治安維持秩序
二、同胞對政治要關心、奮鬥以促進憲政早日實現
三、擁護我們的國民政府
四、軍政、訓政、憲政是實行民權主義之三步驟
五、選舉權、複決權、創制權、罷免權爲民權主義之保障
六、立法、行政、司法、監察、考試五權分立爲治權運用之理想
七、完成地方自治實施憲政

叁、民生問題
一、振興產業、節制資本、平均地權以安定民生
二、民生主義是以充實衣、食、住、行爲目的
肆、社會問題
一、轉移社會風氣、實行新生活
二、實行新生活信條，排除醉生夢死之生活
三、禮義廉恥國之四維
四、忠孝仁愛信義和平爲中國固有道德
五、提倡科學的新生活
六、科學之興衰影響國家之興亡
伍、婦女特殊問題
一、女同胞們大家來學習國語
二、提高婦女之社會地位
三、發揚婦女之國家意識
四、完成母教以貢獻國家民族

五、三民主義——給我們婦女教育、經濟、政治地位平等

六、起來！女同胞們把三民主義建設的重任放在每一個人身上

七、國家興亡匹婦有責

八、婦女也是國家一份子，也勿忘國家賦與我們男女平等

至於其正式公布的任務及工作重點則是：

一、協助台灣當局維持地方秩序，防止奸黨及殘餘勢力的活動，救濟災民，社會服務

二、推進經濟建設運動

三、實行國家的科學技術普及

四、實踐新生活信條，扭轉社會惡風習

進入十月，三青團更爲活躍，各地方紛紛組成「三青團社會服務隊」，發揮自治精神，擔當各地治安警備，防止偷竊，保護農民家財耕牛，防止各地米糧被無故運出去，阻嚇日人日軍的破壞行爲等。譬如：十一月初，新竹發生數百農民包圍「新竹市役所」（因當時還未完成接收，故仍用舊名，役所也由日人官吏管理），要求退回被徵收的米穀，群情激憤，無法平息。省公署糧食局長得到了三青團新竹分團的

協助，到新竹召集數千農民開說明會，才平息了風波。還有，當月中旬，由於台北市庫存米日見減少，可能無法充分繼續供應市民的米糧，農林處糧食局也是得到三青團新竹分團的幫助，才說服當地農民，允許把當地米糧運出供應台北市的需求。三青團新竹分團的社會服務隊，也在新竹市進行大掃除，除盡戰爭所遺留的污穢，使市容煥然一新；服務隊也整頓車站混雜的交通秩序，使車站井然有序。

十月卅一日晚間，在桃園八德地方，民眾正在觀看光復演劇時，突然出現十多名退伍的日本兵搶劫婦女，婦女大聲喊救命，當地三青團社會服務隊立刻出動，日本憲兵亦馳至，制服了日本兵。可見得三青團服務隊在各地治安真空期，發揮了維持治安的功能。

十一月十四日，以台灣區團部主任李友邦的名義，發布了整理三青團各級團隊的通知；通知全省各級團隊均須依照法令手續辦理，因此須暫停對外及對內的活動；待整理完畢，重新委派各分團及其直屬區隊人員後，方得活動。至此，代表台灣社會新生政治力量的三青團，進入了新的階段。

第五節　從工農、學生到士紳的幾個社會團體

台灣人民協會

八月十五日後，在台中的謝雪紅和楊克煌等原台共和農組的成員，就開始商議組成一個群眾團體。九月二十日，在台中女中召開一次集會，會中宣布成立「台灣人民協會籌備處」，以爭取實現民主政治為宗旨，提出「實施八小時工作制」和「保障人民自由」等要求。為了宣傳和擴大組織，該協會於九月三十日在「台中座」（台中戲院）舉行了一次演講會，有謝雪紅、楊克煌、林兌、李喬松、陳王癸等上台演講。十月五日，在台中公園對面的「巴」酒家（後改名「大華酒家」）召開了「台灣人民協會」成立大會，有一、兩百人出席，通過了〈台灣人民協會成立宣言〉以及〈台灣人民協會章程〉，並選出中央委員，當選中央委員的有謝雪紅、楊克煌、李喬松、林兌等。十月六日，召開中委會，推選林兌為委員長，楊克煌為教育部長。十月十日成立「人民公報社」並發行《人民公報》，每星期出版一次，只出版了四、五期，因協會不被陳儀政府承認而停刊。

十一月十七日成立了台北支部，該日下午在靜修女中召開成立大會，有會員三百餘名參加；有國民黨省黨部的鍾元、朱炎，以及台大講師徐征等來賓列席，會中選出潘金火等十五名委員。翌（十八）日，又在台北永樂座召開歡迎新政府民眾大演講會，講者和講題如下：

楊克煌：人民協會是什麼團體
王天強：民權主義是什麼
張道福：促進憲政實施
謝雪紅：歡迎新政府
謝娥：促進婦女解放運動
黃江連：今後的台灣
杜啓塗：政見進言談

就在舉行台灣人民協會台北支部成立大會的同一天，十一月十七日，行政長官公署頒布了「台灣省人民團體暫行組織法」，命令全省人民團體即日起停止活動，按陳儀政府的另一套官方規定重新登記。十一月二十日，人民協會向台中州接管委員會提出重新登記的申請，於翌年（一九四六年）一月十日台中州接管委員會發出「人民協會解散的通告」書，命令人民協會解散。

在解散前，謝雪紅與台中地方成員商議後，認爲「因公開合理的鬥爭已不可能，決定開展秘密非合法的鬥爭」。於一九四六年一月五日，開會討論後決定：成立「中國共產黨台灣省委員會籌備會」，簡稱「籌備會」，出席成員分別去吸收「籌備會」成員，不成立領導機構，指定謝雪紅作對中共方面和各成員的連繫，如有必要，可加入國民黨作掩護；籌備會任務，是爲中國共產黨在台灣的建黨打下一個基礎。

台灣人民協會也協助原農民組合的成員，在協會會址，於十月二十日成立了「台灣農民協會」，選出顏石吉等中央委員，張行被選爲委員長。同時，也宣布成立「台灣總工會籌備會」。

台灣學生聯盟

每一個時代的青年學生都一樣，他們純真、浪漫、熱情，內心充滿了理想，是時代矛盾的晴雨計，他們勇於向邪惡勢力挑戰，是時代的先鋒。在日據末的一九四四年，日本軍國主義已臨敗戰前夕，風聲鶴唳，更加瘋狂地進行島內的思想檢查和壓迫。當年四月，日本憲兵隊以「密謀響應祖國，反抗日本」的罪名，在台灣北部校園進行了大搜捕，據說逮捕了近千名學生，其中包括台大醫學部學生郭琇琮、蔡忠恕等；其中有台北商校學生雷燦南被刑求至死，蔡忠恕則在獄中不幸在美機轟炸時身亡。

這些台灣青年學生，在日本投降的八月十五日以後，便積極行動起來互相聯絡，經過各學校連絡會議，舉行了總務會之後，於九月三十日早上九時，在台北「台灣第一劇場」召開了學生大會，組成「台灣學生聯盟」。會上有三青團的張士德「大佐」、陳逸松、謝娥以及林茂生、黃昭明參謀等著名人士參加並致辭，還有學生代表簡寬德報告創設學生聯盟的目的和經過。會後，下午舉行了市內大遊行。該聯盟集合了全島中等學校以上的男女學生，與三青團緊密聯繫，發揚民族精神，建設鄉土文化、實踐國父遺教，作民眾先鋒，展開有力的學生運動。

其行動綱領如下：

壹、訓練自治精神：

一、輔導國軍進駐台灣

二、協助維持本島治安

三、宣揚三民主義

貳、發揚中華文化

一、普及國語運動

二、建設三民主義之新台灣

三、推進新生活運動

四、促進中日合作

前述池田敏雄在他的《終戰日記》中，也提到學生聯盟有極端的講台灣話的傾向，更有民族意識的流露。事實上，自日本全面侵略中國的一九三七年起，在台灣的殖民者就禁台語，強制推行普及「國語」，致使青年學生只會講日語而不會講母語。池田的記載，證實了學生聯盟努力去殖民化並展開復原母語的運動。

在亢奮的十月，學生聯盟在廿四日與三青團及其他團體一起到松山機場，歡迎陳儀蒞台。廿五日參加了「中國戰區台灣區受降典禮」以及「慶祝台灣光復大會」；翌（廿六）日，爲慶祝台灣光復，舉辦了萬餘名學生參加的全市大遊行。

學生聯盟認識到，日據時期的奴化教育剝奪了青年學生的民族精神和民族語言，甚爲嚴重，使光復後的青年學生如離群之羊不知進路。因此於十二月三日，在省公會堂（今中山堂）舉辦了學生大會，討論如何解決奴化教育的影響，協助政府建設新台灣。由此可知，學生聯盟以自我反省、批判的方式，先消除自己身上日人奴化教育的影響，進而促進民族精神的發揚。

在混亂期，學生聯盟還負起協助治安調查的工作。譬如，十一月初高雄工業學校的日本學生，用炸彈投擲街上行人，造成數人受傷事件。高雄的學生聯盟調查之結果，發現鳳山的日軍兵器庫房遺失了十多顆同型炸彈，因此要求公署接管委員會嚴加究辦。

在十一月間，台中市的原日本人統治階層如市議員、律師、醫師、消防局總長、台中放送局長等，成立了一個叫「改進黨」的組織，並出版了建言書，向政府提出建言，其名：「統治台灣的殖民政策」。這些日人平素就仇視台人，視台人爲牛馬，省民閱該書後莫不痛心疾首憤慨不已，遂醞釀進行報復，台中的學生聯盟和「新生活促進會」，爲免造成進一步的暴動，遂將該日人首魁六人拘押於台中某派出所，以待國軍之指揮進而懲辦。

台灣學生聯盟在1945年9月30日組成，他們在混亂期負起協助治安調查的工作，並與三青團緊密聯繫，推動慶祝台灣光復學生大遊行，有中上學校學生萬人參加。

台灣留學國內學友會

該會早於九月十二日，即在陳守國宅召開發起人會，九月十四日召開了籌備大會。九月廿二日下午三時，於台北市江山樓召開成立大會。它是台灣八月十五日以後，少數幾個最早成立的團體之一，是以曾到大陸各地留學的人士所組成。成立宗旨是聯絡感情，發揚民族精神，促進新台灣的建設。

當天，參與成立大會的貴賓，來頭都不小，包括了少數幾位最早一批登陸台灣的國府福建省地區軍政人員：福建省顧問黃澄淵、軍事委員會中美合作所閩南區指揮部上校參謀黃昭明、軍事委員會政治部上校督察員另掛名三民主義青年團中央直屬台灣區團總幹事張士德、美國陸軍駐閩輔助空軍地面軍務總處主任秘書陳鏡輝等。其他還有本地的台大教授杜聰明以及《台灣新報》的吳金鍊。大會選出了包括廖文毅、林金波在內的七位理事，後廖文毅任理事長。該會爲台灣八月十五日以後最活躍的團體，經常舉辦演講會，譬如：於十月十三日上午九時半，在台北大稻埕第一劇場舉辦了「發揚民族精神」的演講會，在當時大家都渴望復歸民族精神的氣氛下，場內爆滿幾無立足之地。演講者及講題有：

廖文毅：光復之意義

劉青雲：犧牲的精神

藍敏：台灣婦女的使命

林茂生：破壞與建設

又，該會也積極參與籌辦在台灣的第一次雙十國慶大會，以及十月廿五日慶祝台灣光復大會的工作，並於該日出版了《前鋒》雜誌「光復紀念號」。

一陽週報

日本投降後，總督府警務局的八月份「本島治安報告書」中，顯示了日本警察最擔心且持續監視的台灣人有兩類，一是「思想要注意人物」，另一則是有濃厚民族意識的人士。該報告書把楊逵列爲「思想要注意人物」，並且描述了當時楊逵的思想和行動狀況，它寫道：

楊逵預想到接收後重慶軍閥政權的專恣橫暴，認爲作爲牽制策，必須先輩固同志間思想上的基盤，他在這種意圖下，有少許的行動。

如果日本警察的這份報告沒錯，那麼楊逵在八月十五日以後的積極行動，表面上是歡迎國民政府，實際上，他和許多左翼同志大多已了解國民政府的黑暗面，因此是一種藉鞏固同志間的思想以牽制專恣的國民政府的作法。

首先，楊逵把「首陽農場」改爲「一陽農場」，他說是取古籍「一陽光復」之辭，表達慶祝光復的心情。接著，他又成立了「一陽週報社」，出版了一份八月十五日以後最早出現的刊物《一陽週報》。該報第一期的出版日期不明，據池田日記的記錄，池田是在九月十八日收到三份油印的《一陽週報》，因此可推測，正式的出版日期應是九月十日左右。因爲該報迄今仍未出土，只有第九期（最後一期）的一部分可以看到；從第九期的目錄來看，該刊出版於一九四五年十一月十七日，見有廿四頁的中日文合刊。該期是「紀念先總理誕辰紀念專刊」，有胡漢民、蕭佛成等人的紀念文，還有楊逵作品〈犬猿鄰組〉和茅盾的〈創造〉等。

由此可知，《一陽週報》出版於一九四五年九月十日前後，於十一月十七日停刊，共出版了九期。它以宣揚孫文思想、三民主義爲主要內容。

同時，一陽週報社也於一九四五年十一月廿八日，出版了一本楊逵自己編的《三民主義》。可見得，八月十五日後，包括楊逵在內的台灣進步力量，都高舉並宣揚孫文思想和《三民主義》；一方面《三民主義》是國民政府的招牌，另一方面，對台灣當時的情況來說，它也是一種進步的思想。因此，三民主義成了八月十五日以後，一直到翌（一九四六）年光復後的社會矛盾完全顯露出來的五、六月間，台灣官民共同高舉的玫瑰色思想。

事實上，《一陽週報》在台中地區一直被認可當作一份正式的報刊。一九四五年十二月廿五日，國軍一五七師政治部在招待新聞界時，《一陽週報》也與《新生報》、《民報》同列出席者名單。可見得，它在當時的台中地區也有一定的影響力。

第五章

亢奮的十月

對台灣民眾來說，十月才是最光輝的日子；十月是八月十五日以後達到解放高潮的日子，民族的血潮達到沸騰的日子。

十月，台灣民眾長久企盼的祖國政府來了；先是行政長官公署的前進指揮所來到，接著是國軍登陸，再接著是行政長官陳儀蒞台。在十月廿五日舉行了中國戰區台灣地區受降典禮，剝奪了長達五十年的日本殖民政權以及日軍的軍權，並向全世界宣示：「從今天起，台灣及澎湖列島，已正式重入中國版圖。」

對教育家林茂生來說，台灣的光復使他發覺了自己已是「一個人，一個自然人」，接著他發覺了自己夢寐以求的「民族社會」和「民族國家」。這是一個殖民地知識分子，在臨殖民解放復歸祖國的「光復」之際，所抒發的最深沉的感受。

第一節　「台灣省行政長官公署」的設立

台灣殖民統治的終結以及戰後的出發，並非台灣島內社會的自然演變或自主武力鬥爭的結果，而是世界大戰及中國八年抗戰勝利的結果，是中國現代史大變革的一個組成部分。

一九四三年十一月廿七日的「開羅宣言」，明白宣示了：「三國之宗旨……在使日本所竊取於中國之領土，例如滿洲、台灣、澎湖群島等歸還中華民國。」確定了日本戰敗投降後，台灣將復歸中國版圖。

國民政府乃於一九四四年四月十七日，在國防最高委員會中央設計局內成立了「台灣調查委員會」，做為收復台灣之籌備機構，並任命陳儀為主任委員。該會的主要工作包括：擬定「台灣接管計畫綱要」，著手蒐集台灣資料，分類編輯台灣概況（包括教育、財政……等十九種），分類選譯台灣法規，總計出版了兩百萬字以上的台灣叢書，並開辦「台灣行政幹部訓練班」儲備收復人材。

一九四五年三月十四日正式公布了「台灣接管計畫綱要」。

八月十五日日本宣告接受波茨坦宣言，而該宣言第八條明示：「開羅宣言之條件，必將實施。」依此，台灣將脫離日本殖民統治復歸祖國，台灣光復已指日可待。遠在中國西南重慶的國民政府正忙碌於廣闊的全中國各地的淪陷區、收復區、光復區的接收工作。與東北同為「光復區」的台灣接收工作，也在匆忙中進行。刻不容緩的，便是首要先建立一個新的台灣的政治體制，以負責接管殖民機構及掌理省政。

就如上一章中提過的，八月廿九日，國民政府任命陳儀為台灣行政長官；八月三十日續下令派遣行政長官公署的秘書長以及各處處長人選；八月卅一日，匆匆公布了「台灣省行政長官公署組織大綱」；九月一日，就在重慶成立了「台灣省行政長官公署」及「台灣省警備總司令部」的辦公室，開始積極準備接管台灣的工作。九月七日，國民政府又任命陳儀兼任台灣省警備總司令；依此，陳儀掌握了理台的軍政大權。

第二節　「前進指揮所」到來

在重慶的行政長官公署辦公室，跨出「光復台灣」的第一步，便是先派出「前進指揮所」，以安定台灣民心，並與台灣總督府和日軍商議、安排接收事宜。

一九四五年九月廿八日，行政長官公署組織了前進指揮所；令派公署秘書長葛敬恩兼任前進指揮所主任，警備總司令部副參謀長范誦堯擔任副主任，以及由公署和警備總部各單位指派的專員、專門委員、參謀等，再加上報社記者（中央日報楊正和、中央通訊社葉明勳、大公報李純青、上海大公報費彝）共四十七人；還有憲兵第八團派兵一排隨行，成立了前進指揮所。於十月五日上午七時，全所官兵共七十一人，在重慶分乘五架美機直飛台灣，在午後六時飛抵台北松山機場。來機場歡迎者，有日軍參謀長諫山春樹，以及先行於九月中旬來台進行空軍接收的空軍人員等數十人。

翌日，前進指揮所全體官兵，在原總督府官邸舉行了升旗典禮之後，馬上將公署及警備總司令的第一、二號備忘錄，交付給日軍參謀長諫山春樹，指示日軍要執行的各種投降準備事宜。十月八日發表了告台灣同胞書，說明前進指揮所所負的主要任務，是「注意日方實施情形，調查一般狀況，並準備接收工作，以待國軍及行政長官陳儀上將前來履新」。

前進指揮所在十月十七日，長官公署及警備總部人員二百餘人抵台後，即將工作分別移交原屬單位承接，同時於十月廿五日結束工作任務，該所人員也都回到原來的服務單位。

前進指揮所在十月廿五日結束任務之前，短短的二十天之內，曾針對台灣民眾，發布了三次通告。

第一次通告發布於十月六日。其重要的內容有：現行貨幣准予繼續流通、公用事業照常進行、工商各業安心經營、各級學校繼續上課，唯有牴觸中國國家地位及教育精神之處即應刪除；並強調「爲暢達民意起見，接受地方民眾團體或個人有關政見及地方情形之報告書」，同時公布了辦公時間及接見程序。最後，它明白表示：「本指揮所對於一切團體個人之公私宴贈酬酢概不接受。」

該通告基本上體現了陳儀的治台基本方針，譬如：台幣繼續流通是，「工商不停頓、學校不停課、行政不中斷」的原則也是，不接受「公私宴贈酬酢」更是。這個通告，博得了台灣民眾的鼓掌喝彩。當時的《政經報》第一期第一篇文章，即刊登了署名「公爲」的作者以「清新活潑的政治」爲題的文章，該文特別指出公私一切之宴贈概不接受這一點，並說這是台灣的「清新活潑政治開始的第一步」。接著它轉了話鋒說：

這次戰勝是我們民族精神發揚的結果，倘以賣了民族以圖私利的人們來辦政治，不是很糟糕的嗎？若是如此不但違背國民革命的精神，此後台灣的政治不知道要向那裡去呢？恐怕其清算最少也要十年間之久，這不是很可悲的事實是什麼？

這篇短文如實地反映了當時台灣民眾的情感和期待，希望一個掃除舊作風「清新活潑」的新政府的出現，而深恐一個由「賣了民族以圖私利」的人們來辦政治。

第二號公告是在十月十五日公布的。其內容在禁止買賣日人公私財產，但已經收買或過戶者必須馬上申報。

第三號公告是在十月十八日公布的。它針對當時社會治安日趨惡化的情形，要省民遵守法律，要日籍官警切實負責維持地方秩序，要日人安分守己奉行不悖，若輕舉妄動將從嚴究辦等等。

前進指揮所，除了完成其預定的「準備接收之工作」外，在陳儀履台之前還有「台灣光復」的宣示作用；這安定了台灣民心，也有效地鎮懾了日人日軍心存觀望的僥倖心態，而不得不承認「台灣光復」的事實。特別在十月十日，這個台灣五十年來第一次慶祝「國慶」的節日上，前進指揮所的來到，使台灣民眾不再害怕日人日軍，鼓舞了台灣民眾勇敢走出來，盡情宣洩其解放的歡喜，使八月十五日後的民族熱情達到了最高潮。

第三節　五十年來的第一次「國慶」

十月十日，在陳儀還未履台，受降典禮還未舉行，而台灣的軍政大權仍在日人手中的時刻，台灣民眾已經迫不及待地舉行了第一次國慶日。慶祝大會於當天上午十時在台北公會堂舉行。會堂上正面掛著的黨國旗臨風招展，兩旁貼著紅色對聯：「欣逢雙十，薄海共慶；恢復故土，萬民騰歡。」台上左列坐著前進指揮所副主任范誦堯、林茂生、盟國代表等，右列坐著林獻堂、杜聰明、黃朝琴等，會堂內外擠滿了三、四千名的民眾，幾無立足之地。十時正式開會，由代替前進指揮所主任葛敬恩出席的副主任范誦堯領導行禮，並代爲宣讀開會詞；接著由主席團代表林獻堂、林茂生等相繼演說。《台灣新生報》形容這一天「祥雲靉靆白日騰空」、「歡呼之聲震動天地」；在這一天創刊的《民報》，用了醒目的標題：「祥瑞瀰天萬眾歡騰」來形容。

當天入夜更呈熱鬧，各戶懸掛國旗張燈結綵，由歡迎牌樓照出來的輝煌燈光和各家的燈火相互輝映，把整個黑暗的大地照成不夜的世界；尤其在公會堂開演的「好來劇團」，更吸引了大批民眾前往觀賞，擠得水洩不通。

1945年10月10日在台北公會堂舉行了台灣五十年來第一次「國慶日」。(《新台灣畫報》第一期)

台灣警備司令部參謀長柯遠芬將軍(左二)、處長王寧民(左一)與日軍參謀長諫山春樹(左三)等視察日軍聯絡部。

當時在《台灣新報》擔任記者的王白淵（詩人、美術家、評論家），以「一記者」的筆名，在報上寫了一篇題爲〈痛定思痛　國慶之感〉的報導。當時同在該報工作的作家吳濁流，在二十年後所寫的回憶文中，仍記道：「他那標題『痛定思痛』幾個字，雖然經過了二十年的現在，還是很新鮮地留在我的心版上。」王白淵的報導文以這樣開始寫道：「雙十節已經達到了三十四次，但我們台灣算是頭一次，這是多麼可恨可痛之事，五十年來之壓迫與搾取，使我們不能慶祝同族之喜。」在文末，他舉了林茂生的講詞說明道：「我們因爲受異族統治五十年之故，使發生一種□□（按：原始文件印刷不清無法辨識）之混迷，但今天可以證明，我們的中國魂，以日人之壓迫，還不能消滅，使我們有光復之一天，這亦是我們漢民族可以同世界誇耀之事。」接著他寫道：「記者在這從來未有之感激與興奮裡，感著綿綿不絕的我們的歷史與文化。」

王白淵也在同日該報新創設的文藝欄「詞華」上（也是八月十五日以後最早創設的文藝欄），發表了一篇詩作〈光復〉，詩篇簡短但感情深刻：

小兒離開了母親

夜裡不斷的哭著
兒在險暗殘暴裡
慈母爲兒斷心腸
求不得　見不得
暗中相呼五十年
夜來風雨而已散
一陽來復到光明
啊！
光復　我父母之邦

第四節　歡迎國軍抵台與陳儀蒞台

度過第一次國慶後，全省民眾的狂熱並未稍歇。接著便是期待並歡迎國軍的到來。街坊到處風聞著國軍將於十月十五日來台的消息；連十月十五日的《台灣新報》也迫不及待的以頭條刊出了「全省民待望之國軍　今天將登陸於基隆」的大消息，社論也以〈歡迎我國軍登陸〉爲題，全面準備歡迎國軍的到來。下面是該報頭條的部分內容，十足反映了當時島民盼望國軍早日到來的殷切心情：

全省如大旱之望雲霓的國軍，已於今日將印其第一步於基隆。這是歷史上所應當特書而大書的。自八．一五那天，我們是如何的悵惘！如何地期待！國軍將要來到！國軍將登陸於基隆埠頭！誰聽誰莫不歡喜，誰聞誰莫不雀躍。但我們怎樣來歡迎呢，我們須用誠心誠意而已。於今基隆市民已經完成其歡迎的籌備，國旗黨旗到處翻飛，歡迎門到處燦輝……料今天基隆埠頭歡迎人士，不但本埠市民，必定多數來自島都，或來自中部或來自南部的吧！

然而，十月十五日國軍並沒有來，卻來了美軍的兩艘驅逐艦和一艘巡洋艦。對於這烏龍，翌（十六）日該報日文版的標題是：「歡迎中沸騰的基隆！意料外到來的盟軍的呼聲」，愉快又傳神地描寫了當時在基隆碼頭歡迎國軍的民眾，誤以爲美軍軍艦是國軍，而高呼歡迎的場面。

是我們的國軍！數千名站在岸邊滿山滿谷的歡迎市民忽然喊出來：大家喜上眉梢，一齊高舉手上的歡迎旗，但是，當看到艦上高掛的不是青天白日旗，竟是星條旗時，原本響亮的群眾的拍手開始稍稍零亂起來，然而大家忽然又想起，不管怎樣這是我們的盟國美國！手上的小旗又再度亂舞起來，用英文高喊著Welcome！

即使國軍沒來，大家也似乎都沉醉在歡迎國軍到來的喜悅中。

實際上，當時台灣仍有近二十萬日軍，且社會治安秩序也已鬆懈，因此國軍的進駐，仍然依照一定的作戰計畫進行。從十月八日起到當月底，就有國軍部隊分批分次分地，從基隆、淡水、左營、高雄各地依計畫登陸。台灣民眾引頸企盼的七十軍部隊，其主力早在十月十三日就在基隆登岸，並馬上向宜蘭、新竹等北部地區挺進。可能是台灣各地民眾有人已看到進駐的國軍，再加上大家都沉醉在光復的興奮中，又日思月想地期盼國軍早日到來，才會產生這種奇妙的集體現象。

十月十七日上午十一時三十分，在四十餘艘美國軍艦的護送載運下，七十軍軍長陳孔達率領的兩個師部隊，以及長官公署官員和警備總司令部參謀長柯遠芬率領的警總官員共二百多名抵達了基隆碼頭。整個碼頭陷入瘋狂的歡迎聲中。第二天（十八日）除一部分兵力部署在基隆外，七十軍官兵乘列車往台北。在台北市，從早上八時起，便有許多市民學生帶便當到台北車站等待，似乎表示非達到歡迎國軍的目的誓不還的決心。下午二時四十分，陳軍長專車駛進月台，歡迎群眾如潮似浪，歡呼之聲震耳欲聾。之後，陳軍長搭上前進指揮所的車，國軍部隊徒步隨行，在三十萬台北市民的夾道歡呼，以及五色彩紙的飛舞中進入市區。

《台灣新報》以這樣的標題，形容了這熱烈場面：

民族血潮的沸騰，狂風般的歡呼響徹雲霄。

歡迎了國軍來台後，很快地又謠傳行政長官陳儀將於廿一日來台；廿一日的《台灣新報》又以頭條刊登了這消息。事實上，陳儀是在十月廿四日蒞台，當日的《台灣新報》（也是《台灣新報》的最後一天，該報被接收後，於翌（廿五）日改名《台灣新生報》重新出發）也預先刊登了這消息，並刊登了「台灣光復慶祝籌備處」預先準備好的口號及標語，以及預定廿五日下午舉行的「台灣光復慶祝大會」的各種活動內容。

十月廿四日的松山機場，天氣晴朗秋風送爽，機場內有飛機四十餘架整列威鎮，並設有牌樓及歡迎席。場外沿途有三民主義青年團、台灣學生聯盟、中華青年團的男女青年學生，以及一般市民，計達數萬人夾道相迎，盛況空前未有。下午二時半飛機抵達松山機場，陳儀下機後步行到臨時特設的廣播電台前，發表了履台後的首次廣播，主要內容有：

我今日來台灣，是要做一個台灣的服務員，不是要來做所謂「官」的。我在重慶的時候，同台灣的同胞吃過飯，當時對大家說過，就是：第一、不說謊話，第二、不怠慢，第三、公私要區別。凡文武官員對省民不說謊，誠實爲國家辦公，又不帶私情才好。

第五節　受降典禮與慶祝光復——最激動的一日

一九四五年十月廿五日，是台灣有史以來最激動且光輝的日子；從戰爭和殖民解放出來的自由和狂喜，以及高漲的民族感情，隨著受降典禮的完成達到最高潮，盡情宣洩了五十年的辛酸。當天早上舉行了受降典禮，下午舉辦了「光復慶祝大會」；翌（廿六）日，早上有萬餘名的學生舉行慶祝遊行，下午有一般市民團體的陣頭繞巡全市遊行。全台灣的民眾，拿出了一切最高度表達喜賀的形式歡度了這個日子。

十月廿五日早上十點，在台北市公會堂（今日的中山堂）舉行了台灣省受降典禮。當天的公會堂國旗高揚，入口上面懸掛著「中國戰區台灣省受降典禮會場」的大字。會場台上懸有國父遺像，各柱間掛著盟國國旗和各國領袖肖像。參加受降典禮的，除了公署和警備總部等軍政人員外，有台灣人民代表林獻堂等，以及盟軍代表十九人，加上新聞記者共有二百多人；投降的日方代表安藤、諫山等，黯然肅坐簽字席上。十點正鳴砲，典禮開始，由陳儀宣布：「台灣日軍業於中華民國三十四年九月九日在南京投降，本官奉……爲受降主官，茲以第一號命令交與日本台灣總督兼第十方面軍司令官安藤利吉將軍受領，希即遵照辦理。」安藤接受了第一號命令，並在受領證上簽字。簽字手續於十點五分完成，陳儀即席廣播宣布台灣日軍投降，其廣播詞中最重要之處如下：

1945年10月24日下午3時，陳儀飛抵台北松山機場。圖爲與迎接各機關代表正步出機場。(《新台灣畫報》第一期)

1945年10月24日，青年學生在松山機場列隊歡迎陳儀蒞台。(鄧秀璧攝影，梅丁衍教授提供)

1945年10月25日在台北公會堂(今中山堂)舉行「中國戰區台灣省受降典禮」及「慶祝台灣光復紀念大會」。圖爲會場入口的牌樓(上)和會場外廣場擠滿熱烈參加的民眾(下)。(鄧秀壁攝影，梅丁衍教授提供)

1945年10月25日，台灣省受降典禮上，台灣總督兼日本第十方面軍司令官安藤利吉(上)簽署降書，其左側爲參謀長諫山春樹。陳儀(下左)由諫山手上接過降書。(梅丁衍教授提供)

盟軍代表出席台灣省受降典禮。(梅丁衍教授提供)

會場外廣場擠滿熱情參加的民眾。(《新台灣畫報》第一期，梅丁衍教授提供)

受降典禮結束後，陳儀與全體官兵合照。
(梅丁衍教授提供)

從今天起，台灣及澎湖列島，已正式重入中國版圖，所有一切土地、人民、政事皆已置於中華民國國民政府主權之下。這種具有歷史意義的事實，本人特報告給中國全體同胞，及全世界周知。

行政長官陳儀致日方代表的第一號命令中的第二項，其主要意旨是：行政長官代表國民政府接收台澎地區日軍的投降，並接收台澎列島之領土、人民、治權、軍政設施及資產。第三項內容，主要是剝奪安藤的「台灣總督及第十方面軍司令官」的職權，並任命他為「台灣地區日本官兵善後連絡部長」，且受行政長官之指揮，「對所屬行政軍事等一切機關部隊人員，除傳達本官之命令、訓令規定指示外，不得發布任何命令」。

經過這個受降的正式儀式，台灣正式復歸中國，在台日軍身分則成為「日俘」，而日人則成為「日僑」。緊接著，便是進行行政和軍事的接管，以及日僑日俘的遣返、日資日產的接收等工作。這在世界史上也是少見的，龐大且複雜的「去殖民」工作。

受降典禮結束後，當天下午三時，在同一地點的台北公會堂，舉行了由台灣人民各界組成的「台灣光復慶祝籌備委員會」所推動的「台灣光復慶祝大會」。與會者有：大會主席林獻堂以及主席團成員林茂生、林呈祿……等台灣各界代表，行政長官公署、警備總部、台灣省黨部、軍事長官以及盟軍代表等，場內場外擠滿了熱情的民眾共達六千人之多。

大會主席林獻堂致詞說：「台灣光復重還祖國，皆是祖國抗戰八年得以最後勝利之所致，而受盟國之援助亦不少。帝國主義日本之挑戰責任，不但是軍人之責，六千萬日民應該共同負責……。」而省民代表林茂生的致詞，則對大家都「陶醉於光復的幸福時」，提出兩個問題：

第一，何以必須光復，因有失陷，故有光復。失陷之因，在於國民無自覺無團結，故敵人乘間而入，現在敵人尚在我等周圍窺視我們的弱點，想再利用我們同胞互相反目的機會，從中取利，此點，我等務須注意。第二，光復之事業尚未完成，因我等今日不過開始進入光復之第一階段而已……所以我說「光復尚未成功，同志仍須努力。」

林茂生的致詞打破老套，勇於直指慶祝光復背後的隱憂，令人深省。

林茂生在同日創刊的《前鋒》雜誌上，也發表了一篇慶祝台灣光復的文章——〈祝詞〉；該篇短文生動且深刻地表達了他對「光復」的感受。他說：「在光復共慶之秋，有『三大發見』：一是『發現我是人，是自然人』；二是『發見社會』；三是『發見國家』」。

因爲，在長期的嚴酷的殖民統治下，台灣人民被剝奪了政治權、經濟權和文化權，處於沒有「人權」的、「非國民」的殖民地人的地位；民族意識受壓抑，民族社會被支離，更沒有自己的民族國家，這就是身爲殖民地人的屈辱和悲哀。殖民地人民的最大願望，同時也是反殖民運動的最大目標，就在打破這些殖民桎梏，脫離殖民地人的地位，成爲一個完整自主的「自然人」，並且做爲一個「國民」生活在自己的「民族社會」和「民族國家」中。而「光復」給台灣人民帶來的「殖民解放」和「復歸祖國」的大歷史變革，正是實現了台灣人民夢寐以求的願望。

親愛的同胞，我在這地方要愼重的告訴你們，我們是明末漢民族中最有血氣、最有革命精神、最有民族意識、最有奮鬥力的……我們不可忘記，我們是遺傳著大陸民族的血統，我們的國家是世界五大強國中的大中華民國……最後我將與大眾合唱，中華民國萬歲！漢民族萬歲！

讀了這一篇充滿了中華民族意識的激情和愛國情感的文章，不要又以爲它是國民黨官方民族主義的教材，實際上，這是台獨運動的始祖，「台灣民族論」的先驅者廖文毅先生，在後來他任主委的「台灣留學國內學友會」所出版的《前鋒》雜誌創刊號，也是「光復紀念專刊」上所寫的發刊辭〈告我台灣同胞〉。在同誌上，他的另一篇文章〈光復的意義〉也這樣寫道：「在台灣光復的這個時候，所發現著的第一個事實，就是『民族精神的振興』……第二個事實就是『國土重圓』……第三個事實就是『家人再集』……第四個事實就是『統一的國家』」、『統一的政府』。」

一九四五年十月廿五日，是在不長的台灣歷史中一個最重要的日子；它不但是台灣正式從日本殖民者手中解放出來的日子，也是台灣正式復歸中國版圖的日子，更是台灣作爲獨立的中國民族國家的一份子，走上坎坷的現代化的開端。在這樣的日子中，林茂生生動地抒發了他對「光復」的感受，同時也勇敢地提出了他深深的憂慮，一是光復後大家會不會團結，會不會分裂而再受到日人的乘隙而入；另一是，光復只是開端，往後的重建工作是艱辛的。

同日，《民報》上的「冷語」欄，對「台灣光復」也表達了複雜的看法：對於我方官吏，他說：「也要自重自愛，說句江湖話，莫長他人志氣，滅自己威風」；而對日僑，他說：「總要認清自己的立場，凡事客氣些吧！」他進一步說：「昔日是優越階級的日人，今日變做要受我們看顧的『日僑』了……說起日僑，就要想起昔日華僑的苦楚……如含有侮蔑意義之『支那』、『你仔』等種種用語，切要謹慎，不可再用……陳長官蒞台之日，日僑戶戶都揭國旗表示歡迎。外容似很恭順，然而尚有暗漏『日軍重來有日』的敵慨心的人也不少，日人若不趕快從帝國主義的迷夢中覺醒起來，前途就不堪設想了！」另一方面，他也對已經成為弱者的日僑表示了同情之心，他說：「不可用『以其人之道，還治其人』的法了……孫總理的民族主義中所講『濟弱扶傾』，就是這個意思。」

在十月廿七日的「冷語」欄上，他冷冷地說了來台北慶祝光復的各地士紳：「要趕快回歸職所，忠實服務，若尚留戀不肯即去者，不是爲獵官，便是爲獵利權了……自以爲『斯人不出奈蒼生何』的名公巨卿，肯退一步，台灣的曙光，才可增亮一點。」意思就是要原「御用士紳退場反省」。他也忠告：「現時在軍界的台籍出身者，且莫趾高氣揚……」。

在歡慶光復的同時，米糧問題、物價暴漲問題、戰後瘡痍的重建問題，甚至將來臨的省籍摩擦問題，也都在狂喜的表層下蠢蠢欲動。事實上，一抹暗雲已隱藏在「曙光」的後面。

十月廿六日上午，台灣學生聯盟和三青團爲了慶祝光復，舉行了全市中等以上學生的大遊行，共有廿八校學生萬餘人參加。隊伍在十時集合於公會堂，以黨國旗爲前導，手拿「清除奴化教育」、「民族自立自強」、「打倒劣紳奸商」、「建設科學台灣」等各式各樣的標語，熱熱鬧鬧地繞市遊行，於十一點半，至靜修女校高呼萬歲後解散。接著，同日下午二時，一般市民及各團體陣頭等，齊聚大龍峒保安宮，計有獅陣十三、舞龍團六、音樂團一百五十陣，浩浩蕩蕩，蜿蜒數里，鑼鼓爆竹震天，街上人山人海爭睹熱鬧景像，隊伍到達艋舺龍山寺後解散。

第六章

百花齊放的時刻

光復的來臨，破除了長期禁錮台灣社會的桎梏，解放了台灣社會。解除了殖民桎梏的台灣，立即湧現了活潑的社會力，熱烈地、自主地組織了各種各樣的團體。有政治的，也有文化的，更有經濟的；有致力民族解放的，也有追求政治民主的；有舊御用士紳所組成的團體，也有新御用士紳的團體；有運動性的團體，也有利益性的團體；有爲解決戰後、殖民後問題的團體，也有爲長期發展而組成的團體；有男性爲主的團體，也有女性的婦女運動。總之，十月的台灣，展現了一個初期市民社會所有的生動活潑的景象。

作爲思想、文化載體的報刊雜誌，也紛紛誕生，呈現百花齊放的榮景。八月十五日後的一百天，就出現了三份報紙，十四份雜誌，和三家通訊社。

這期間，全島上下不分男女老幼都熱衷學習國語，掀起了學習國語的熱潮；同時，也產生了台灣歷史、文化、語言的「復原運動」，要從日人奪回我們自己的語言和歷史，也就是，不但要政治的光復，也要「歷史的光復」和「語言的光復」。

在日本的高壓統治下，五十年的被殖民歷史中，有許多台灣抗日志士死於日本警察、憲兵的手中，這段歷史被日人稱爲「匪誌」，犧牲的志士和歷史永不見天日。光復後不久，就有許多人起來組織團體爲這段抗日的歷史平反，並舉行追悼會，救濟遺族。

第一節　如雨後春筍的社會團體

一、「台灣科學振興會」

爲圖台灣科學技術者之團結，研究學術，並協力建設新生台灣起見，台灣省科技人士於十月十二日下午二時，在大稻埕靜修女中大禮堂舉行了「台灣科學振興會」的創立大會。到會來賓有前進指揮所官員蘇紹文、福建省政府顧問黃澄淵、林獻堂、黃純青等，有會員數百人參加。由杜聰明博士行禮後，施博士江南致開幕詞，先報告籌備經過，後審議會章。會員選出杜聰明爲會長，王超英、施江南爲副會長，及其他委員數十名。

會後開始辦理會務：爲調查省內各級技術者之總人數，以便動員於實際工作起見，對外公布開始接受台灣科技者之登記，凡大學、專門學校、中等學校畢業者或熟練工，都可登記。翌（一九四六）年一月十三日，該會針對政府接管日政、日產問題，舉行了「新台灣建設座談會」，提出許多有關接管方法的意見。

二、「台灣人文科學會」

爲圖台灣人文科學的發展，以學術之理論與實踐貢獻新台灣之建設爲宗旨，十月十四日下午三時，在台北宮前町晴園，成立了「台灣人文科學會」。參加者包括黃純青、林茂生、楊雲萍、陳紹馨等多數會員。首先由發起人林茂生說明人文科學之意義，其次由陳紹馨說明籌備經過，再審議章程，全體會員通過。後選出林茂生任委員長領導該會。決議往後工作重點有三：一、研究編輯台灣史，二、調查台灣語問題，三、謀與祖國之學術團體連絡。會後晚宴上，與會者莫不痛陳日本政府時代壓迫人文科學研究的情形。

十一月十二日，台灣人文科學會在台北大學（台北帝大）學務委員室，召開委員會。有委員長林茂生，委員石朝桂、黃得時、吳守禮、楊雲萍、陳紹馨諸氏參加。會上討論了有關舉辦學術演講會，台灣關係文獻展覽會、以及發行會報等諸事宜，並決定積極募集會員。

三、「台灣文化協進會」——建設新生的台灣文化

在一九四六年六月十六日才正式成立的「台灣文化協進會」，在當時，不論本省或外省、官方或民間、進步的或保守的，全省文化菁英幾乎都加入了該會，該會還發行了《台灣文化》月刊，對當時的社會產生深遠的影響。

實際上，該會在一九四五年十月廿九日，亦即，台灣光復後第四天，就召開了盛大的發起人談話會，在原台灣信託會社樓上舉行。參與者有：省公署方面的參議吳剛、圖書館館長范壽康、博物館館長陳兼善、參事連震東（台籍）、財政部特派員游彌堅（台籍）等。發起人有：林茂生、李萬居、李純青、陳炘、羅萬俥、林呈祿、廖文毅、陳逸松……等共十九人。從與會者背景看，可謂包羅了當時台灣官方民間的代表性菁英，有公署官吏、半山、本地舊御用士紳、新御用士紳、民族派、左派；有三青團、留學國內學友會、新聞界、台灣人文科學會等團體的領導者。可謂菁英薈萃，都是各方的代表性人物。在台灣光復這一時代大變革所激起的、共同的、高昂的民族情感中，暫時隱蔽了彼此間不同的立場和觀點，共同爲發揚三民主義、改造精神文化、普及國語國文的文化目標而共處一堂。往後隨著時代矛盾逐漸顯露，這種各方不同立場的文化代表，齊聚一堂共同商議文化問題的場面，也不再容易出現。

⬅林獻堂(1881-1956)先生出身霧峰林家，是日據末期和光復初期的台籍知名人士。日本投降後，曾應何應欽之邀前往南京參加受降典禮。民國34年10月25日的台灣光復慶祝大會，他是大會主席。

➡林茂生(1887-1947)是美國哥倫比亞大學哲學博士，早年曾留學日本。台灣光復後，參與接收台北帝大的工作，並任台大教授。他同時參與許多社團，並擔任《民報》的社長，於二二八事件中遇難。

會上，游瀰堅先說明了召開本會的主旨。接著公署參事吳克剛發言，他認爲要建設新生台灣的文化要：

一、宣揚三民主義；二、普及民主主義；三、提高文化水準；四、普及國語國文。

《大公報》記者李純青則提議說：

「提高文化水準」這一點，倒不如改爲介紹祖國文化如何，以及普及國語。

其次，《民報》社長、教育家林茂生，從教育的角度提議：

台胞受日本帝國主義的教育，對祖國的歷史見識程度很低，特別是辛亥革命以後的歷史受了日帝嚴禁，當然不得習會。所以要建設台灣的文化，需要理解革命以後之歷史，始能到達目的，又可以發揮民族意識。是以，將來的教育工作，特別要注意辛亥革命後之歷史。

接著，推舉林茂生、游瀰堅、范壽康、廖文穀、林熊祥等人爲章程起草委員。數日後，該籌備會爲了宣傳籌組「台灣文化協進會」的消息，以期該會宗旨廣爲周知，又於十一月十八日上午十時，在台北第一劇場舉辦了演講會。游瀰堅致開會辭並說明該會成立緣起；陳逢源講「建設三民主義之台灣」，廖文穀報導「省外同胞救濟問題」，林茂生以「台灣文化之革命」爲題發揮熱烈的辯辭，依當時《民報》記載，林茂生說：

> 提高創造文化，模倣文化不是文化的本質。需要創造三民主義之文化。文化建設之鎖鍵在台胞手中，須交於青年手中，我們盡出力量，發揮文化以創造文化，建設新台灣。

該會本來預定在當年十二月中旬正式成立，但一直未實現。原因何在？可能是與公署在十一月十七日頒布的「本省人民團體組織暫行辦法」有關，原有團體必須重新申請登記；或其他原因則不得而知。因此延至翌（一九四六）年五月廿六日才召開籌備會，並於六月十六日成立。成立時雖包攝了許多各方立場的文化人，但已褪色不少。

四、「台灣新生教育會」

八月十五日後的本省教育，因國民政府尚未接收，如浮於洋上之小舟，無所適從。本省教育者百餘名，爲圖教育者之團結，交換學識意見，以期徹底三民主義教學起見，於十月十二日下午二時，齊聚台北帝大醫學部藥學教學，召開了「台灣新生教育會」。來賓有前進指揮所林忠、林茂生、劉克明等。會上選任杜聰明博士爲會長，副會長及委員名單則由杜會長指定，副會長爲潘貫、葉士蛹。會上決議了工作大綱如下：

一、普及三民主義；二、熟習國語；三、研究國文、國史之教授；四、草擬「過渡期台灣教育臨時辦法大綱」，建議省政府採納實施。

五、「台灣政治經濟研究會」

據說該會創立於九月間，但其確切日未知。成員有：陳逸松、陳炘、蘇新、陳逢源、王井泉、顏永賢、王白淵等十數人。陳逸松任會長，並創辦《政經報》。又據

《政經報》上刊登的該會會章，其宗旨是：

以研究國際及中國之政治、經濟、文化、社會以貢獻人類之進步爲目的。

該會公開的重要活動，就是召開了兩次有關光復後經濟問題的座談會。該座談會全文都刊登在陳逸松任社長、蘇新任主編的《政經報》上。兩次座談會所討論的主題，一是「糧食問題對策」，另一是「金融問題對策」。這兩個問題，是台灣光復後所面臨的最核心且最緊急的問題。陳逸松也特別在《政經報》的社論上，爲文討論了這兩個問題——糧食問題和金融問題，並以「目前緊急的政治諸問題」爲題目，視這兩問題爲緊急的政治問題。當大家都把注意力集中在陳儀來台建政後的接收問題，且大家都還陶醉於高昂的民族情感時，很少有人注意到日帝在台戰爭動員體制所遺留給台灣的惡果，正悄悄地孳生逼進；它就是糧食問題和金融貨幣問題，正如陳逸松說的，它不但是經濟性問題，更是政治性的問題。

由該會的宗旨和成員來看，該會基本上是由台灣左翼人士所組成的團體，在思想文化上，傾向用「政治經濟學」的觀點觀察、分析和認識光復後的諸問題。

六、「中國國民黨台灣省黨部」

抗戰期間，國民黨為了團結在大陸抗日的台籍人士的力量，且為了發展島內組織，乃於一九四一年初在香港秘密組織了「台灣黨部籌備處」。後香港於當年底淪陷，遂遷廣東、江西，在江西泰和舉辦「台灣黨部幹部訓練班」，培養工作幹部。一九四三年十二月正式改名為「直屬台灣黨部」，在福建漳州辦公，後遷往福建永安。日本投降後，改組成立「台灣省黨部」，中央派李翼中任主委，張兆煥任書記長，丘念台、謝東閔、林紫貴……等為委員。

李翼中先於十月中抵台，張兆煥則於十月卅一日率幹部五十餘人，由福州乘輪東渡台灣，十一月二日抵台。辦公地點擇台北市明石町前日本警察會館，於十一月十三日開始辦公。

十二月七日開始，初設立的省黨部組織了下鄉訪問團，訪問全省各地，召集各地方團體舉行座談會，宣揚三民主義，討論地方事情，並擴大黨員入黨。

七、「台灣建設協進會」

台灣士紳參加了十月廿五日的台灣光復慶祝大會後，翌（廿六）日，便齊集台北市稻江信用組合，舉行了「台灣建設協進會」的成立大會。決議今後「本三民主義之精神，協助政府推行政令」，並將在短期內成立新竹、台中、台南、高雄各地分會。

該會會長林獻堂，副會長林熊徵、常任幹事林熊祥、幹事羅萬俥、林呈祿、陳炘、林茂生……等。

從該會的成員來看，它是由原日據期的御用士紳所組成的團體，都是原皇民奉公會的成員。八月十五日後，他們從「台灣自治（獨立）」事件失敗開始，轉向飛往京、滬欲參加南京受降典禮未成，接著籌組「歡迎國民政府籌備會」，終至「爲協助政府」而組成了這個「台灣建設協進會」。

進入一九四六年年初，公署公布了台灣各級民意機關成立方案，積極準備台灣省民意代表的選舉，而且對日產的接收也正全面展開；另外，正計畫推舉台灣省國大代表參加國民代表大會；就在這個時節，該會於一月十九日，召開了「時事座談會」。參加者除游瀰堅、台北市長黃朝琴、新竹縣長劉啓光、教育處副處長宋斐如、林茂生等之外，有許多台灣實業界人士參加。會中討論了國民大會台灣代表問題、成立台灣各級民意機構問題、登用台灣人材問題、以及產業經濟等各方面問題。會上發言踴躍，討論也極爲詳細。討論結果，有下列幾點結論：

一、本省應依省制單位選派國民代表參加國民大會。

二、另組織「憲政促進會」。

三、督促政府實施各級參議會民選。

四、以特殊辦法登用台灣人材。

五、請政府用官有民營的辦法發展台灣經濟。

八、從「台灣民衆聯盟」到「台灣民衆協會」

光復後，原日據期的台灣民眾黨、台灣文化協會、台灣革命黨、台灣農民組合等革命團體的部分成員，體認到台灣雖已光復，對於三民主義的實現，及新台灣的建設，還要繼續努力推進；因此於十月三十日，在台北新中華召開了原各團體的磋商會。會中決定號召各團體的成員同志，創設「台灣民眾聯盟」，席上也選出了起草委員七名。接著，在十一月四日，在台北黃朝生處召開了起草委員會，決定不日召開籌備會。依該草案，台灣民眾聯盟的宗旨是：擁護蔣主席、實現三民主義、研究政治經濟社會諸問題、推進新生活運動、協力建設模範新台灣等。依據《民報》的報導，該聯盟的籌備委員包羅了原來各團體的重要人員，包括：張邦傑、宋蕉農（宋斐如）、呂伯雄、陳旺成、張信義、劉啓光、鄭明祿、簡吉、蔣渭川、王萬得、潘欽信……等。這份名單是否只是爲了宣傳之用，不得而知。之後，一直到翌年一月初並未見到該籌備會的進一步活動。

翌（一九四六）年一月十七日的《台灣新生報》報導了「台灣民衆協會」成立的消息。該報導的內容大要如下：

由原日據革命團體文化協會、民衆黨、工友總聯盟、工友協助會等各團體所組成的「台灣民衆協會」，於一月六日在台北蓬萊閣舉行了第一次全體代表大會。推選張邦傑爲臨時主席，即席報告稱：該會目的在協助政府，推行政令、完成地方自治、復興經濟建設。會上選出執委張邦傑、王添灯、蔣渭川等廿七人，監委黃周、賴通堯、張信義等十一人。會中討論了三個問題：一、建議政府在省營企業組織之外，由民衆組一監督團體，並將公營企業利潤舉辦公益事業；二、建議政府免除本省賦稅一、二年；三、建議將接收之公地分配給平民。另外，依《民報》的報導，該會討論的議案還有：一、用革命先烈之名作爲市街名；二、神社改廢；三、米配給問題。

從籌組「台灣民眾聯盟」到成立「台灣民眾協會」的變化來看，在成員上，許多比較左傾的進步勢力已退出；在成立宗旨上，原來的「研究政治經濟社會諸問題」，已被「協助政府、推行政令」所取代。由此可見，兩者的性格已大不同，該協會已經逐漸由前者的社會運動團體向社會利益團體傾斜。

當年的四月七日，進一步將組織名稱改爲「台灣省政建設協會」，其目的又進一步成了「在台灣省黨部的領導下，協助政府建設台灣」，完全成了台灣省黨部的重要外圍團體。該團體在各地方縣市普設分會，吸收了不少會員，成爲光復後第二年最大的政治團體之一，在二二八事件前後扮演了頗有爭議的角色。

九、「義勇糾察隊」

該隊於一九四五年十月廿九日創立，由炭礦事業家劉明擔任隊長，黃參謀任副隊長。創立時有隊員五百人，是一個地方性的自治團體。其任務包括：維持及管制地方自治事項、協助維持治安、衛生、取締商人阻礙交通、維持車站秩序、搜查隱藏的日人兵器及火藥等。十一月十一日，行政長官陳儀捐贈該隊五千圓。該義勇糾察隊主要以台北市、台北縣爲活動範圍。

另外，全省各地也都紛紛出現類似的治安自衛隊，譬如：中部地方就有中部「治安協力會」，以台中州內的兩百餘名有志者所組成；該協力會以鼓吹自衛精神並協助維持地方治安爲目的。

十、「省外台胞送還促進會」

原被日本軍國主義所動員、欺騙，送往大陸、日本、南洋各地戰場的台灣人，約有十餘萬人；日本投降日軍解體後，這些十餘萬台灣青年則流落各地，生死未卜，是日本軍國主義遺留給戰後台灣的大問題。島內父兄親友莫不憂心，引頸盼望青年子弟順利歸來。這問題，也成了光復後大家最關心的焦點，更是大多數家庭所憂慮的。

十月廿八日，熱心人士在台北太平町美東公司內成立了「省外台胞送還促進會」，林獻堂任會長，副會長陳炘、林茂生，廖文毅擔任總務部主任。次（廿九）日，該會立刻向長官公署以及美國駐台陸軍部陳情，也計畫派代表赴日本連絡設法解決。該會又呼籲全島各地方以市街庄爲單位組織分會，以便集中進行促進會工作。

並希望各地分會調查現在島外者的姓名、住址等資料，迅速郵送總會，也希望在各地以總會名義募集救濟金和救濟物資。

十一月六日該會上呈救援策於行政長官，詳列緊急救援的辦法。另外，據說也透過願協助之美國人，想租借美船趕速載回。十一月四日，萬華三青團也出動團員上街頭募款，募得四千圓交給促進會。在東京的台灣同鄉協會的常務委員，於十一月五日往訪日本幣原首相，要求日本政府設法盡速救援留日台人，據悉在日台人約有十萬人之多，其中學生約占三成，其半數是戰時爲日本軍工廠增產的工員云云。十一月十六日，該會在台北市太平國校，召開了「被日軍召往省外台胞未歸者家族大會」，以親情的呼籲，請願行政長官急速設法救回省外同胞。報紙形容：「該日會場頃刻間幾無立錐之地，後至堂外者亦如山如海」，可見其盛況。大會陳情書最後的部分說：

再一個月不知再死幾多，所以各家族非常恐慌，猶是各地方父老村人，悲顏帶淚，每日三五成群相扶來市，探聽歸期消息，悲慘難言。

在第一批留日台胞將於十二月二十日歸台的消息傳出來後，黨政軍民各團體爲了如何在基隆港口歡迎，早在十二日便在基隆火車站前的「船越」旅社，召開「歡迎旅日同胞回台籌備會」，由第七十五師政治部代表任主席，討論歡迎事宜，決定了歡迎式的內容，如口號、標語、旗幟的具體內容及製作提供的負責單位等。可見其熱烈與慎重之情。

結果，載著第一批返鄉台胞的日本船艦，一直要到廿三日才抵達基隆港。十二月廿三日，日本護航艦和商船「夏月」號，載滿第一批滯外台胞前後駛入基隆港。台胞家族親友齊集基隆港，碼頭人山人海，首先是載著二百五十九位台胞的護航艦入港，艦上台胞與陸上群眾揮手相呼應，歡迎鞭炮聲和歡呼聲震動天地。登陸後由「省外台胞送還促進會」接待；接著，便是「夏月」號進港。兩船共搭載台胞八百六十人返台。在萬人注目之下，第一批返鄉台胞搭上火車，於晚上九時抵達台北，車站歡迎人潮亦人山人海；爲了迎接子弟而在台北住了好幾天的近郊鄉下家族，爭著揮手呼叫自己子弟的姓名，不死而生，得再見面的父兄都含著淚水，在電燈照映下如朗星輝耀；逢此激動場面，大家不知不覺中高呼「中華民國萬歲！」

十一、「婦女運動」

《民報》在一九四五年十二月九日，帶頭創設了台灣史上第一個婦女副刊專欄──「新婦女」。該日的「新婦女」刊載了婦女運動者（三青團台北分團婦女股）李緞的〈台灣婦女同胞起來〉一文，該文呼籲：「起來吧！起來啊！我們敬愛的女同胞，我們要把理想落於實現，因爲沒有努力是沒有結果的，你們要明白，血與汗是勝利的因素。」

一九四六年一月三日，在高雄市長連謀的促成下，高雄組成了台灣史上第一個婦女團體──「台灣婦女協會」，該會理事長是高雄的李幫助女士。該會議決事項包括了：廢除娼妓、建通生院、救濟「高山同胞」等。該會宗旨是：改革社會惡弊、提高婦女地位、建設康樂社會、協進世界和平。

接著，於一月七日晚，在台北，由三青團婦女科科長嚴秀峰女士所推動，舉辦了「全省婦女聯誼大會」；有全省女性代表及台北青年女性共四百名參加。會上首先由主席嚴秀峰女士致詞，次由本省女性代表謝娥女士演說。在同日下午，也在三青團會議廳舉行了婦女座談會。

好像在爭相主導婦女運動似的，國民黨省黨部也接著在一月十九日舉行了台北各界婦女的招待茶會，茶會上當場宣布發起組織「台北市婦女會」，並公推謝娥、姚敏瑄等為籌備委員進行籌備。二月十七日，正式成立了「台北市婦女會」，謝娥任理事長。

台中市婦女會則於三月二日，假三青團台中分團演講廳舉行成立大會，謝雪紅任理事長。另外，在該會上成立了慶祝「三八婦女節」的籌備會。

全省性的「台灣婦女會」，則要遲到一九四六年五月六日才正式成立，理事長為謝娥女士。

在這同時，各種職業團體和產業團體公會也如雨後春筍般紛紛成立。譬如：

農業同志會（十月十六日）、台灣運友聯盟（十一月十六日）

實業公會（十月）、台灣畜產公會（十月三十日）

省藥師總公會（十一月）、輪船業公會（十一月）

省醫師總公會（十一月）、台灣赤糖工業公會（十一月）

體育協進會（一九四六年一月）其他還有律師協會、牙醫公會以及中醫協會等等。

第二節　百花齊放的報刊雜誌

八月十五日日本投降、台灣光復的大時代變革，解放了台灣的社會力；除了各種自主的政治、經濟、文化團體紛紛出現之外，各種報刊雜誌也如百花齊放地出現，呈現空前的盛況，形成了一個比任何時代都還開放的文化公共空間。在台灣破曉時刻誕生的這些報刊雜誌，對台灣民眾來說，是一股重要的啓蒙力量。

報刊方面

一、《台灣新報》、《台灣新生報》

首先必須一提的是《台灣新報》；它在八月十五日以後一直到十月十日《民報》創刊為止，是當時台灣唯一的一份報紙；全島民眾的新聞消息來源，除了收音機外便是這份報紙。《台灣新報》的成立，是在戰爭末期的一九四四年。日本軍國主義為了便於控制新聞，強行採取法西斯的手段，將當時的六家報紙：《台灣日日新報》、《台灣日報》、《台灣新聞》、《東台灣日報》、《高雄新聞》、《興南新聞》（原《台灣新民報》）

合併爲一個報紙——《台灣新報》。這《台灣新報》便是台灣日本軍國主義的唯一宣傳報紙；自此，台灣落入一個極端資訊黑暗的時代。直到翌一九四五年八月十五日，日本投降，才見曙光。《台灣新報》也隨著時代的大變革，逐漸表現出自由、民主、和平的風格；從八月十七日起陸續刊登了「波茨坦宣言」和「開羅宣言」的全文，對中國的報導也從以往的蔑視、敵視轉變爲友好親善的態度。隨著台灣將復歸中國的態勢逐漸明朗，該報的主導權也逐漸轉移到原《興南新聞》的台籍人士手中。

進入了十月，該報終於出現了中文欄（二日）；到了十月十日歡慶國慶之日後，就轉變成以中文版爲主日文版爲副的局面了；自此，高昂的中國民族主義成了該報的基調，從社論、專論到專欄，都反映了時代的要求。該報從十月十一日起連載了〈中國民族運動〉，介紹了中國近代革命的歷史，從太平天國、義和團、辛亥革命到五四運動；也登載了〈國民革命和台灣〉及〈國定紀念日介紹〉等文；另外，也開闢了充滿批判色彩的小專欄，如「新聲」、「民鋒」、「前進」、「藝文」、「詞萃」等，對原殖民者以及本地御用士紳展開了猛烈的批判。該報在短短的三週內，特別在十月份的台灣，扮演了一個重要的啓蒙角色。當時在該報社任職的幾位重要台灣作家、評論家，如王白淵、呂赫若、吳濁流等，在這段時間起了一定的作用。

臺灣新報

終戰 諸問題萬全處理へ 全島地方長官會議開く

直接戰費二千三百十九億餘 戰時中の財政、終戰時の状況

臺灣新報

站在臺灣人的立場 「以臺養臺」建設新省

葛秘書長特接見記者團殷々垂問

在朝鮮日本軍月底可遣還

美軍進駐熊本

限定最低生活物資

日據末期的宣傳喉舌《台灣新報》(圖左)，自1945年10月2日起開始出現中文欄，10月10日歡慶國慶後，就轉變成中文版爲主日文版爲副的局面(圖右)。

民報

(日刊)

民報總社發行

萬人空巷歡聲雷動

抗戰壯士安抵台灣

第七十軍由基隆登陸

基隆全市若狂！

紀律嚴正和愛可親

前進指揮所發出布告

布告

一部進駐臺北

要人昨日亦抵台

夏總務處長等

日本國民尚未覺醒

美國記者之觀察

潘陽

治安回復

陳儀長官

二十日蒞臺

冷語

慶祝光復

歡迎行政長官陳儀閣下

補血固精

滋養甘味液精出現了

玉記化驗工廠製

玉記有限公司總行

方圓公司

代售處

建成町方圓公司第一分行

京町方圓公司第二分行

永樂町方圓公司第三分行

榮町明治商事第一賣店

《民報》的許多小欄如「冷語」，鼓吹用民族語言寫作、閱讀。

該報於十月廿五日被接收後，隸屬公署宣傳委員會，李萬居擔任社長；並以《台灣新生報》的新名稱重新出發。正如其名，該報自此爲建設新生台灣而繼續前進。

二、《民報》

在大家歡慶台灣第一次「國慶」的十月十日，誕生了台灣第一份完全的中文報——《民報》。該報社長是林茂生、發行人林佛樹、總編輯許乃昌、主筆陳旺成。該報以繼承日據期《台灣民報》的精神自許，特別在社論、小專欄的內容上，展現了對現實問題的犀利批判。從陳旺成主持的「冷語」、「熱言」欄，到讀者投書的「檢查衙門」、「茶館」、「自由論壇」、「民眾論壇」等小專欄，都即時反映了當時變動快速又十分複雜的社會現實，並適時予以揭發批判，不但「爲民喉舌」，也是「爲民先鋒」，擔任了台灣破曉時刻的啓蒙角色。該報於一九四七年二二八事件中，社長林茂生不幸罹難，報紙也被停刊。

三、《人民導報》

一九四六年一月一日，由大陸來台的進步人士和台灣本地進步人士共同攜手創辦了《人民導報》，就如其名，它立志引導台灣人民。它和《台灣新生報》不同，因爲它是站在民間立場的報紙；它又與《民報》不同，因爲它有明顯的左傾立場，且刊載了許多大陸的消息和評論。進入一九四六年，台灣各種社會矛盾頻發，省籍摩擦問題、戰後復員問題、米價高漲、失業以及官僚貪污、腐敗，再加上國共內戰的影響，整個社會逐漸呈現了複合性的不安；此時，《人民導報》成了最受歡迎的報紙，影響力大，因此爲官方所嫉，受到不小的壓力。

創刊初期，該報社長是當時任教育處副處長的宋斐如，發行人鄭明祿，主筆白克、陳文彬，總編輯蘇新。可說是一時之選。

二二八事件中，該報前後任社長宋斐如和王添灯都遭殺害，蘇新、陳文彬則逃往大陸，報社遭停刊命運。主筆白克，也在日後遭白色恐怖之禍。

四、其他

上海各大報，如《大公報》增刊了台灣航空版，《中央日報》、《新聞報》、《申報》等，都在台灣設有經銷處，藉滬、台間航空交通班次之增加，在台積極推銷，擁有部分大陸來台的讀者。

在通訊社方面，有「中央通訊社」、「台灣通訊社」（省黨部所有），以及「民權通訊社」（民社黨謝漢儒所主持）等三家。

雜誌方面

八月十五日後最早出現的雜誌，是前述作家楊逵創辦的《一陽週報》和謝雪紅領導的「台灣人民協會」機關誌《人民公報》；它都屬運動性質的刊物，故發行不廣影響並不很大。

最早公開發行的雜誌，是於十月一日創刊的《台灣民主評論》，是旬刊。從其創刊號的目錄來看，如〈世界之大勢與台灣之前途〉、〈台灣的將來〉、〈民主精神〉等，該刊應該是一份進步刊物，它不受限於當時高漲的民族主義風潮，而從「民主」的立場來看台灣的具體問題。

以下按照創刊日期順序，簡單列舉當時出版的刊物：

一、《前鋒》（光復紀念號）（十月廿五日），月刊，由「台灣留學國內學友會」（理事長廖文毅）所出版。

二、《政經報》（十月廿五日），半月刊，是「政治經濟研究會」的機關刊物，社長：陳逸松，主編：蘇新，編委：王白淵、顏永賢、胡錦榮。

三、《民生》（十月廿五日），旬刊，發行人：苗栗謝增德、謝金俊。

四、《時潮》（十月廿五日），綜合雜誌，吳漫沙主編。有評論文如〈關於御用士紳與漢奸〉、〈光復後的婦女問題〉、〈台灣學生運動〉等，都是當時的重要問題；另外也有文藝創作，如林荊南的〈有一天〉等。

五、《新青年》（十月），半月刊，主編：方慶清，發行人：郭啓賢。

六、《新風》（十一月十五日），月刊，編輯兼發行人：王清焜，第一期有作家龍瑛宗的光復小說〈青天白日旗〉。共出版二期。

七、《台灣青年》（十一月十二日），半月刊，三青團台灣區團部籌備處發行，發行人：李友邦。共出版十期後停刊。

八、《新新》（十一月二十日），月刊，綜合性雜誌。編輯：黃金穗，發行人：吳享霖。共發行八期後停刊。

九、《現代週刊》（十二月十日），行政長官公署宣傳委員會出版，主編：吳克剛（公署參議）。

十、《台灣月刊》（一九四六年一月），「上海台灣革新協會」出版，編輯：王鍾麟。

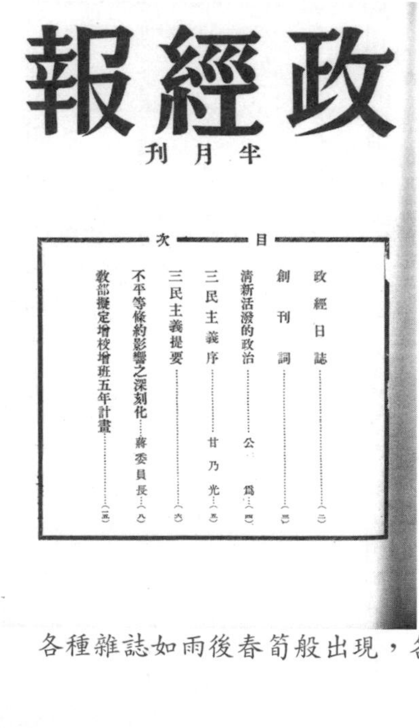

政經報

半月刊

目次

（1）

現代週刊

創刊號
民國三十四年十二月十日發行

發刊辭

現代週刊社同人爲什麼要編印現代週刊呢？今天創刊號出版、想對這一問題表示一點小小的意見。

日本政府統治臺灣、在思想、知識方面、實行封鎖政策、閉關主義。凡是外來的思想知識、日本政府認爲有礙於他的統治的、都禁他輸入到臺灣來。國文在學校是不許學習的、中國新出的書籍、雜誌、新聞不許自由販賣、西洋文、一般學校也不准學習、西洋書籍、雜誌、新聞的流通也加以限制。他們爲了使臺胞「皇民化」、幾十年來把臺胞幽禁在很窄狹的思想知識的樊籠中、不許他們窺見中國、不許他們窺見世界。因此臺胞對於中國、對於世界、幾乎是隔絕了、脫離了。中國與世界近數十年來政治、經濟、社會、學術、思想的演進如何、他們很少知道的機會。現在臺灣是光復了、臺灣是中華民國的一部分、而中華民國是全世界盟國中的一分子、所以臺灣與中國、與世界、息息相關。要建設新臺灣、必須對於中國、對於世界、有深切的認識。因此大大開放思想知識的門戶、將關於中國、關于世界的思想知識、充分的介紹到臺灣、使臺胞能深切的認識中國、認識世界、那是今日的臺灣所很需要的。

破壞是革命過程中的一階段、破壞之後、必須繼之以建設、革命才能完成。總理說「所以由革命而造成此有破壞無建設之局、致使中國人民受此八年之痛苦矣。然而民國之建設一日不完全、則人民之痛苦一日不息、而國

要目

各種雜誌如雨後春筍般出現，各具特色。

十一、《台灣雜誌》（一九四六年一月），月刊，台北文化運動委員會指導，編輯：林知命。

十二、《中華》（一九四六年一月二十日），月刊，主編：龍瑛宗，發行人：陳國柱。共出版二期後停刊。

十三、《台灣畫報》（一九四六年一月三十日）國民黨台灣省黨部出版，主編：藍蔭鼎，社長：林紫貴。

十四、《新台灣畫報》（一九四六年一月卅一日），月刊，行政長官公署宣傳委員會出版，編輯：白克、柳健行，發行人：夏濤聲。共出刊十期。

第三節　台灣歷史、文化的「復原運動」——歷史的光復

實際上，日本宣布無條件投降，一直到十月廿四日陳儀來台之前，台灣社會早已開始了各種自主的解放活動。原來在日本殖民主義、軍國主義的壓迫下，潛隱下去的民主、民族力量，在日本戰敗後一舉迸發了出來。從各方面自主地展開了台灣歷史、文化語言的復原活動；同時也積極地進行祖國化運動。復原運動和祖國化運

動兩者是互爲表裡、互相關聯的，因爲，台灣歷史、文化、語言的復原，正是台灣祖國化的重要內容和主體力量。而真正的祖國化，也只有從復原台灣的歷史、文化、語言出發，才能落實。兩者在八・一五後「去殖民」的時代課題上是一致的。

前面各章節也曾部分提及：原本在日據中期蓬勃發展的台灣文化協會、台灣民眾黨、農民組合、台灣共產黨、台灣文藝聯盟等團體成員，在日本殖民政權垮台後不足一個月的九月，就先後成立了台灣農民協會、台灣人民協會、台灣總工會籌備處、台灣學生聯盟等，爲爭取民主政治的實現，自主地建設新台灣而奮鬥。在戰爭終末期，總督府將包括《興南新聞》在內的六家報社整編成唯一的一份戰爭文宣報紙——《台灣新報》，從十月二日開始出現了中文版；在同樣的十月十日，第一份繼承了日據期《台灣民報》作風的中文報《民報》創刊。這兩份報紙，在小專欄或社論、專論上，積極地展開了對「御用士紳」、「改姓名、講日語」的皇民化運動的批判，要原御用士紳「退場反省」。並介紹中國近代民族運動、革命運動、孫文三民主義、民族精神、民族語言等等。另外，比這兩份報紙更早出版的，就是台中的楊逵在九月初出版了中日文合刊的《一陽週報》，宣揚孫文思想，追求人民的自主的解放。

還有，便是對台灣抗日歷史的紀念回顧以及對犧牲者的平反；譬如：由原台共黨人蘇新主編的《政經報》，在第二期（一九四六年一月廿五日）開始，刊登了賴和的〈獄中日記〉；第三期（一九四六年二月十日）也刊登了日據終末期「東港事件」中，遇難的名律師歐清石的〈獄中吟〉。另外，也對日據末期日本憲警捏造的東港事件、汐止瑞芳事件以及學生事件進行了公開悼念。並且由新竹縣長劉啓光任主任組織了「台灣革命先烈遺族救援會」，在報紙上公布了抗日犧牲者的名單，將其入祠忠烈祠，並援助其遺族。在一九四六年五月廿五日，行政長官公署、台灣省黨部、三青團以及其他民間團體共同舉行了「台灣民主國」的紀念大會。同日《民報》社論〈紀念台灣民主國〉記道：「在五十一年後的今天，在首次能公然紀念『台灣民主國』的今天，在無限的感慨，無限的悲憤，無限的興奮裡，我們的結論只是而已（按：此處疑有漏，原文如此）。」

對於這些在日本投降後馬上湧現的自主的台灣文化、歷史的復原運動，十二月十三日的《民報》社論〈提議編纂「台灣史」〉中曾概括道：

我們現在要遂行「歷史的接收」，從日人手裡奪回我們的「歷史」……就是把日人所湮滅的，使它甦生，日人隱藏的，使它重見天日。

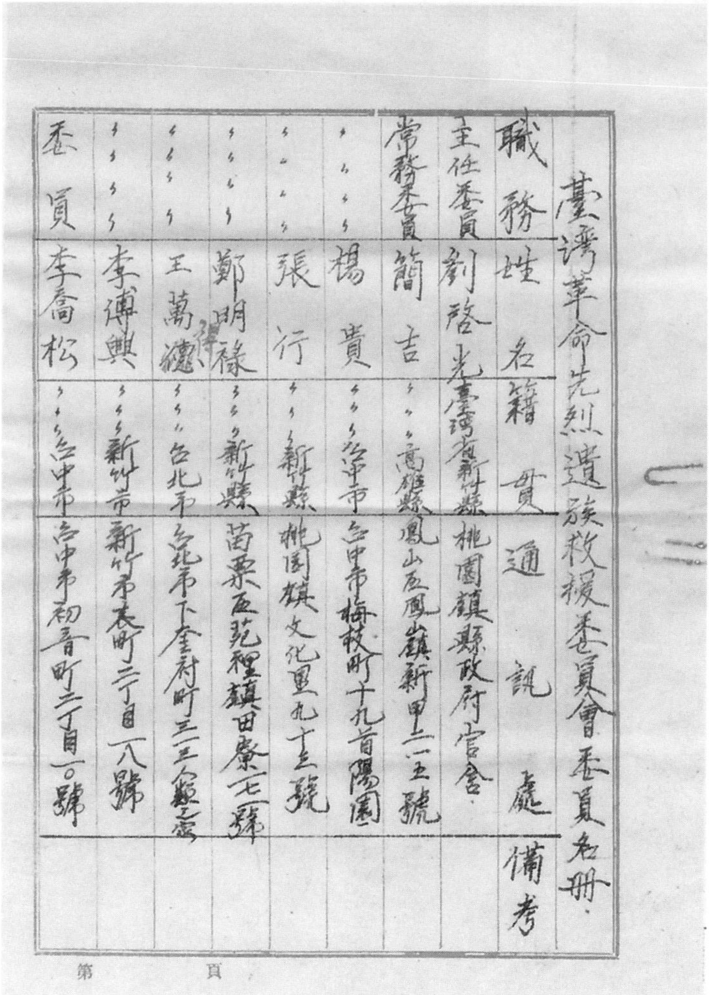

臺灣革命先烈遺族救援委員會委員名冊

職務	姓名	籍貫	通訊處	備考
主任委員	劉啓光	臺灣省新竹縣	桃園鎮縣政府官舍	
常務委員	簡吉	〃〃高雄縣	鳳山區鳳山鎮新甲二一五號	
〃〃〃	楊貴	〃〃台南市	台中市梅枝町十九首陽園	
〃〃〃	張行	〃〃新竹縣	桃園鎮文化里九十三號	
〃〃〃	鄭明祿	〃〃新竹縣	苗栗區苑裡鎮田寮一七一號	
〃〃〃	王萬得	〃〃台北市	台北市下奎府町三三〇	
〃〃〃	李傳興	〃〃新竹市	新竹市表町二丁目一八號	
委員	李喬松	〃〃台中市	台中市初音町二丁目一〇號	

第 頁

以新竹縣長劉啓光爲主所組成的「台灣革命先烈遺族救援委員會」，對日據時期的抗日事蹟進行調查，公布犧牲者名單，並入祠新竹忠烈祠。委員中前三位劉啓光、簡吉、楊貴(作家楊逵)都是原台灣農民組合的成員。

第四節　奪還我們的語言——語言的光復

從一九三七年起被日本軍國主義禁止的「白話文」，八年來被禁絕在日本戰爭體制的黑牢裡。取而代之的是，用高壓手段造成的「國語」（日語）普及，產生了一批連台灣話也不會說的青少年——皇民化世代。

日本投降的八月十五日那一天起，作家醫生吳新榮開始用白話文寫日記，流暢典雅，絕不遜於他的日文造詣。在《台灣新報》當記者的美術家、詩人王白淵，從十月二日該報開始刊登白話文起，就用流利的白話文寫了不少有力的批評短文，用犀利的筆鋒批評殖民者和御用士紳，他在十月十日慶祝國慶後寫的一篇報導〈痛定思痛〉，讓當時也同在該報上班的作家吳濁流讚嘆不已，留下深刻的印象。當時把「首陽農場」改名「一陽農場」的作家楊逵，刻苦地用油印出版了中日文合刊的《一陽週報》。

十月十日創刊的《民報》，自信承繼日據中期作爲台灣民眾喉舌的《台灣民報》精神，堅持貫徹使用白話文的方針。在十月十八日的「冷語」欄中有一段文字，說明了該報堅持用白話文的用意。它說：

民報諸同人，都在努力使用「台灣式的白話文」，想給青年諸君明白。日語日文，於學者作種種研究上，或許還有存在價值，至於我們的日常生活上，須要拂拭淨盡，才有新鮮氣象可觀。

在十月廿二、廿三日的《民報》上，本省詩人、台灣史家楊雲萍著文〈奪還我們的語言〉。他控訴道：「日本統治台灣的五十年間，一切的教育設施、文化設施的百分之九十五，政治設施的百分之五十以上，皆為著教授、普及、強制日本語而存在的。」他感慨道：「台灣光復，河山依舊，而事物有全非者。全非的事物中，要算這件『語言問題』為最嚴重，最利害的。」他直指語言問題：「不僅是所謂『語言』的問題而已，實關於『民族精神』之問題。」文章最後他高呼：

我們要奪還我們的語言！

楊雲萍這篇簡潔有力的文章，直指日人殖民台灣的核心問題——普及國語（日語）政策的邪惡本質。日本投降後，他首先挺身而出，要大家「奪還我們的語言」，恢復民族精神。十足反映了當時人人競相學習國語的熱烈心情。

同時，在十月廿五日出版的雜誌，如《前鋒》、《政經報》、《民生》等，全都是白話文雜誌，其文筆、內容比起中國大陸刊物毫不遜色。並且它對台灣光復初的國語普及，起了很大的作用。可見得台灣光復並不只是政治上的光復，它還是歷史文化、語言的光復。

第五節　學習國語的熱潮

台灣在九月中旬以後，就掀起了學習國語的熱潮。原本在侵華戰爭初期，爲支應侵華戰爭培養「支那語人材」，而在台北私立商工學校設立的「支那大陸進出者北京語講習會」，在九月十八日取下原有的招牌，轉身一變成爲有名的「國語」講習班。大家都爭相入學，總共有一千八百名學生；學員有台北州知事、原日本官吏、老人、青年少年，其盛況堪稱台北之最。講師有留學北京大學的鄭明祿，北京師範大學的馬笑釗等其他三人。

十一月廿一日的《民報》，以頭條報導了國軍政治部設立國語講習班，半日間有四千人報名的消息，可見當時台灣民眾熱心學習國語的盛況：

陸軍七十軍各直屬營政治指導員，原擬在太平町、東門町（今延平北路、連雲街）分別設立國語講習班，招收學員一千人。但在接受報名時，只半日間來報名的人竟達四千人之多。為滿足大家學習國語的熱望，主辦單位臨時擴大班數，學員多達四千人。該班於二十日上午，分別假太平國民小學等學校禮堂舉行開學典禮，包括來賓、教官、學員竟達四千餘人，情況熱烈，規模之大為前所未有。

在台中的一五七師政治部，也積極推行國語運動，開設國語講習班。並得到台中市政府的同意，台中市小學教員以及各區都須派員來受訓學習國語，受訓完後，回原單位任國語教師，開設國語補習班。

另外，還有如稻江青年共組了「華光國語聯盟」；台中市有人成立「三民學院」，招收學員普及國語國文，並宣揚三民主義。三民主義青年團也創辦了「女子青年國語補習班」，由第四科代理科長嚴秀峰推動。

《民俗台灣》的創辦者、主編池田敏雄先生，在他的《終戰日記》中，也記載了光復初長期被壓迫的台灣話再度復活的狀況。譬如，在九月廿二日他記錄了：「這些人本來都一齊喝過酒聊過天的朋友，他們的談話都用台灣話，不知怎樣，總覺得不舒服。」還有，在十月廿一日他寫道：「台灣學生聯盟，有高倡常用台灣話的傾向。」可見得光復後台灣話很快地、當然也是很自然地從家庭回到了公共場所。

當然，在慶祝台灣光復的熱烈情感達到沸點時，也產生了一些急切要求他人「不講日語要講國語」的行爲。曾任《台灣新報》副社長兼主筆的伊藤金次郎，在他所著《台灣不可欺記》中，記述了這種場面：在台灣民眾熱烈慶祝台灣光復的行列中，看到了一個給他印象深刻的場面，他如此描述道：

原來有兩位女學生，被一個中年台灣人痛罵得幾乎要哭出來了。原來由胸前貼著的名牌一看就知道是台灣女子的這兩個人，在觀看遊行隊伍時不覺說出的是日語，而這被旁邊的這個中年台灣人聽到後，指著對方說出：「你們是哪一國人呢？不是中華民國台灣省民嗎？那爲什麼不說國語呢！國語不是指日語，而是中華民國國語啊！」在眾人環視之前，破口大罵這兩位女學生了。被罵得滿臉通紅的兩位女學生，很快地消失到人群裡去。

這種場面，也讓人彷佛回到了日本殖民統治下，日本人嚴厲要求台灣人講日語的法西斯行爲，該書也描述了這種場景：

看到台灣民眾在路上、或茶館裡用台語交談的情形時，一些日本人實在看不慣而破口大罵，甚至要動手打人——這是司空見慣之事。

這種學習國語的熱潮，分析其動機，有人是出於純真的祖國熱，也有人是想爲祖國服務，更有人是想做新官僚。在這股學習國語的狂熱中，許多書房也再度復業開設國語講習班，也有人在街頭巷尾掛起黑板，就地傳授國語，向圍攏來的臨時學員收學費；也有像前面所提過的，在日據期原本專爲訓練「支那大陸進出者」的地方，也換了招牌開始講授國語，大發利市，連原殖民者官僚也加入學習中國國語的行列。在當時，只要有會國語的人，不管標準不標準，都會有人圍著他學習國語。形成了一股空前絕後的全民國語運動。

同時，也大量出版了有關學習國語的書籍。有中國人編的，也有日本人編的；有文言的也有白話的；有用老國音的，也有用日本「假名」的。總之，千奇百怪，優劣雜陳，呈現混亂的局面。在這樣的情況下，社會上也形成了一種不正確的語言意識，認爲「不說日語就得說國語」，不會說國語的地方就仍用日語。這種混亂的局面，一直到一九四六年四月二日「台灣省國語推行委員會」成立，透過培養正確的學習意識、樹立國語的標準、訓練大量的師資、供應國語教材讀物後，才逐漸改善。

然而，單靠國語推行委員會的力量畢竟有限，真正發揮力量的還是台灣民眾自主的熱烈的學習願望，再加上黨、政、軍、團（三民主義青年團）、學校、民間社團等，主動舉辦的各種各樣的國語講習班，才克服了戰後初期匱乏的物質條件，使國語運動浸透到社會各角落。據統計，從一九四六年一月起到一九四七年五月七日止，在《台灣新生報》上報導的各種有關國語講習會的消息，共達一百七十三次，其中國語比賽就有四十五次之多。

第六節　追悼台灣革命烈士

戰前因政治、思想等問題，被日警檢舉、慘刑、屈打成招而入獄或致死者不計其數。光復後出現了調查、申冤、追悼的行動，使日據歷史中最重要的部分得到正義的平反。十月二十日，台灣律師協會為代申冤屈、查明真相以告慰犧牲者，開會決定進行調查。並希望其本人或家屬盡快通知律師協會，由該協會詳細調查事實，再呈報公署以便設法解決。並公布了台北、新竹等全島各地負責律師的姓名和地址。

十一月十七日在大稻埕舉辦了「台灣革命烈士追悼會」，並在會後舉行大遊行，日人恐台灣民眾報復，紛紛逃避。

由王萬得等人組成的「台灣革命先烈事蹟調查會」，對日據期抗日事蹟進行調查。

東港慘案追悼會

一直到光復後才真相大白的「瑞芳慘案」，也是日本警察捏造出來的慘案。捏造的內容是：李建興等人透過中國政府要人白崇禧等，與蔣委員長連絡，秘密組織抗日軍，待中國軍隊登陸時，裡應外合，協助中國軍隊攻打日本。這雖然是一個荒誕無稽的捏造事件，但日本警察卻在瑞芳抓了七百多人，嚴刑拷打，凌虐致死者有七十幾人。日警一直隱蔽這個駭人聽聞的慘案，光復後才有報紙報導該案，對於日本帝國主義慘絕人寰的高壓政策，本省同胞也驚愕不已。

一九四六年一月二十日上午，在瑞芳公會堂舉行了「瑞芳慘案」的追悼會。堂上正面有台北市長「成仁取義」、省黨部林紫貴「碧血千秋」的輓聯以及花圈。到會者除台北縣長連震東、基隆市長石延漢、陳長官代表台北市長黃朝琴之外，還有台灣革命先烈事蹟調查會代表王萬得、「東港慘案復仇會」代表郭國基、三青團陳逸松等人。追悼會上由原受難者，現任瑞芳街長的追悼會主席李建興報告該慘案經過，其詞淒慘欲絕，令人聞之心酸，出席者不禁嚎啕大哭，誓言復仇。「東港慘案復仇會」代表的原受難者郭國基，不畏路途遙遠，特地從高雄趕來出席，他在席上激動地說：「我們的仇必定由我們來報，英靈呀！請安息！」據說瑞芳街也將組成「瑞芳慘案復仇會」。

另外，原日據期抗日人士也共同組成了「台灣革命先烈遺族救援委員會」。新竹縣長劉啓光任主委，楊逵、簡吉、鄭明祿、王萬得等人任常務委員。該會分派幹部奔走全島積極調查、慰問先烈遺族及往日志士。該會也保送了原農民組合創始人趙港的遺孤入省立桃園農林學校就讀；並接受新竹縣政府委託，推薦犧牲先烈芳名，入祠新竹縣忠烈祠。

第七章

罪與罰

——「日僑」、「日俘」之遣送與接收

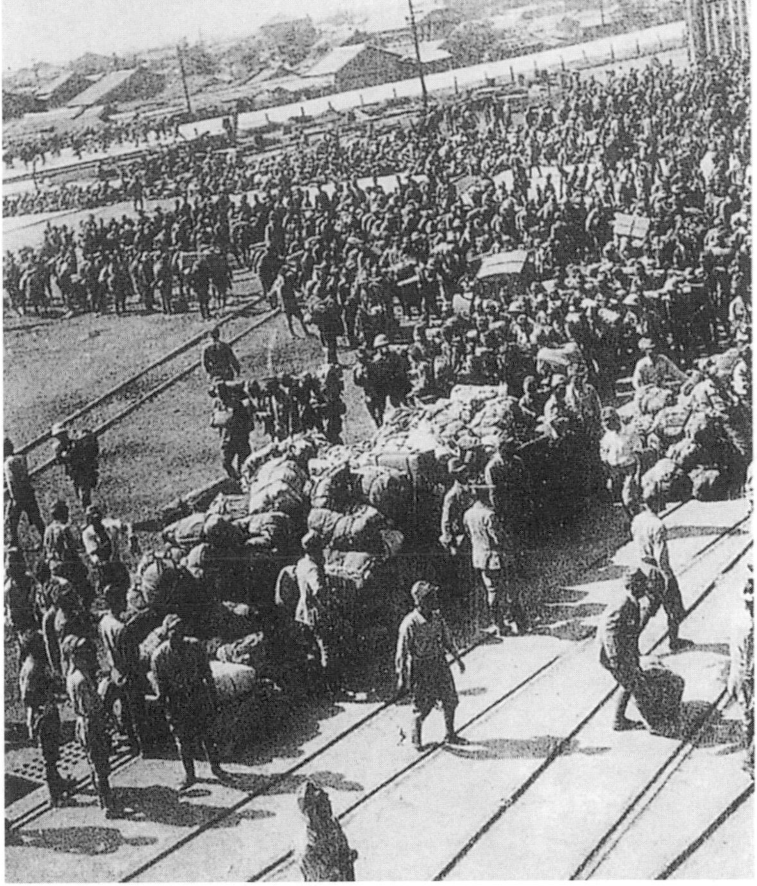

行政長官公署在「光復」台灣的工作中，除了接收台灣總督府的政權，綜理台灣的日常政治事務之外，還負有一個繁重的任務，那就是行政接管、軍事接收，日資日產的接收處理，日僑以及日俘的遣返等工作。五十多萬日僑、日俘的遣返，以及龐大複雜的日資日產的接收與處理，其所費資源、人力、費用真難以估計；其工作之浩大、事務之繁雜，也非一般政府所能負擔。但它畢竟平穩順利地完成了這艱鉅的任務。當然，這個工作也影響了建設新台灣的日常工作，多少拖延了進度。

然而，這是一個徹底「去殖民」的工作，在世界殖民地歷史上也是少見的；因為有這個「去殖民」的過程，使台灣的政治、經濟產業得以徹底「民族化」，替台灣的現代化奠定了基礎。雖然其間舞弊、徇私自肥的情形頻生，但這已屬「內政」的範疇。

由高高在上的殖民者淪落為異國「日僑」的在台日人，一直到遣返政策明朗之前，其心理是矛盾複雜、動搖不安的，但大多數人表露出來的言行卻難改往日的習慣。曾經欺壓台灣百姓作威作福的日本警察，最常遭到台灣民眾的報復性攻擊，特別是，揑造羅織冤獄「東港事件」的首謀特高就曝屍在高雄僻野，其同謀警察亦遭民眾「討回公道」的毆打。

第一節　矛盾且複雜的「日僑」

十月廿五日受降典禮結束，陳儀鄭重地向全國、全世界宣布：「從今天起，台灣及澎湖列島，已正式重入中國版圖。」台灣的主權正式復歸中國。在台日軍成了「日俘」，在台日人成了「日僑」。就像「日俘」、「日僑」的稱呼一樣，原來是高高在上的殖民者、統治者的在台日本人，一夕間成了身處異國的戰敗國國民；財產、地位、身分完全被剝奪。有些日人在聽到「日僑」的稱呼時，就聯想到世界到處有的「華僑」，一直存在的蔑視「華僑」的心理作用，使他們感覺到如被拋入虛空，然後重重地墜落下來。許多人一直處在這種焦慮的精神狀態下，幾乎瀕臨精神崩潰的狀態。

從八月十五日一直到十月底，大多數在台日人都希望繼續在台灣居留下來，希望歸國者不多。到了十一月，由於台灣人的對日情感、態度日見惡化，對日人的報復行動增多，治安開始惡化；再加上經濟上日瀕絕境，政府又禁止日人不動產的買賣，連動產買賣也原則上禁止，再加上包括食米在內的物價也開始暴漲，除了少部分被公署徵用的日人有固定收入外，大多數都沒有收入來源，只能外出勞動或把家當拿出去變賣，以維持生計。但坐吃山空，總非長久之計，於是希望回日本本國的「日僑」人數日見增多。依據十一月一日所公布的，舊總督府所作之志願留台或志願歸國的意見調查，總日僑人數卅二萬人中，約有十四萬人志願留台，志願歸國者有十八萬人之多，志願歸國者已超過了志願留台者。進入了十二月，「日僑」的處境更形惡化，結果大多數日僑都希望歸回其本國了。

日僑心理上的壓力，比經濟、物資方面的窮困更嚴重。特別是其本國的詳細情況、消息幾乎完全斷絕；一開始，有少數人還收到了用航空寄來的本國報紙，但也只有兩、三次；從收音機短波的同盟通信收聽到的消息，其可信度也日益稀薄。隨之，便是謠言如雲湧般四處傳來，有天真的樂觀論，如日本已有了原子彈因此形勢扭轉、美蘇大戰因此台灣領土又復歸日本……等等；也有極端悲觀論，如南京大屠殺報復說，男女隔離集中說，進駐軍婦女強姦說……等等各種各樣的謠傳。這使處於與島外狀況隔絕的日僑，在心理上更爲不安定。再加上總督府的公權力已瀕瓦解，每一個日僑都處於孤立的狀況，以獨自的能力很難正確判斷消息的真假，因此精神陷入混迷的狀態。另外，殖民解放後的台灣人民族情感高昂，除了瀕發的報復事件外，報紙上一出現如「馬尼拉市凌虐台胞」等消息時，連續幾天晚上街上都會發生為洩憤而毆打日人的事件，日僑自知理虧，也只有低調行事以求平安。

當然，戰後常見的疫病也再度蔓延，衛生狀況變差，物價暴漲、經濟來源斷絕，使生活更陷入恐慌、焦慮的狀態。

由原日人商工經濟會成員等有力者為主組成的「蓬萊俱樂部」，雖然掛著服務日僑的招牌，實際上都只為自己集團利益打算，對一般日僑的狀況都抱著冷淡態度。後來又有「新日本人會」和「民主主義同盟」、「協和會」、「互助社」等互助組織出現，結果不但沒發揮互助功能，反陷於各團體間互相攻訐的狀況。而且，行政長官公署方面，對這些日僑組織也抱著懷疑的態度，深怕它們會成為政治性結社的溫床，帶來麻煩，因而冷淡對待，使這些團體無法發揮功能。

在台日人雖已墜落成敗戰國民的「日僑」，但是其心理還是相當矛盾複雜的。特別在台灣人面前，昔日是高高在上頤指氣使不可一世的地位，一夕間角色互換，頓失憑藉，成為任人擺布的「日僑」，一時拉不下臉，心裡的慣性難以調適，以至於仍表現出一副不服的態度。另一方面，戰中台灣並未成為戰場，在台日軍和日人可說絲毫未損，沒有親歷過戰場的悲慘教訓，因此，無法大徹大悟，以致常抱著「日本沒有輸給你們（中國或台灣），只輸給美國」的想法；也冷嘲台灣人「你們不是戰勝國國民，只不過是順民而已」，或者說：「看看，你們現在也沒有比較好」等等的阿Q心態。譬如：池田在十月十六日的日記有一段關於醫學部教授金關丈夫的記載：「先前的《台灣新報》報導，明天是神嘗祭，在台日人最好不要掛國旗。但金關教授說：『我是要掛的呀！』」因此，當時的報刊常呼籲日僑要「自肅自戒」、「不可傲慢」。連日僑社會也有人要求要「切身反省，實踐敗者的道義」。

公署的「日僑管理委員會」在完成日僑遣送的任務後，曾出版了一本《日僑遣送紀實》，書中也提及日人分子複雜，其精神形態所表現出來的有四類：一、為深中武士道毒素的狹義民族主義者，此類以軍人最多，驕傲矜持，悻悻然以為二十年後當再捲土重來。二、為官吏階級，此類人眷戀往昔的優裕生活，又憤憤不平，希望有重臨台灣之日。三、為小企業主或商人，此輩資產盡失，或怨日政府好戰，或嘲中國戰勝非自己的力量，其不平與鄙夷難消。四、覺悟的反戰分子，此輩較少數，以自由業和教師為多。

第二節　罪與罰

在台「日僑」在作爲敗戰國民這一點，不管其階級、身分都是相同的；但是，如果以更具體的階級、身分、貧富來看的話，日僑之間的差異卻有天壤之別。日僑中，有高官、上層軍官、資本家、地主，以及依靠戰爭買賣軍用品而獲暴利的人；然而，更多的是低級公務員、教師、工人、農民、士兵等；日據期他們是日本國民，與高官、有力者一起都站在殖民地人民的頭上，但卻處於殖民統治者社會的底層；他們受到日本軍國主義法西斯主義意識型態荼毒最深，是日本侵略戰爭、「膺懲暴支」的急先鋒。然而，當皇國潰敗日本投降，全部日人都成爲日僑、日俘時，他們卻是受害最深的一群。特別是在台灣解甲的士兵，他們舉目無親、覓食不易，遂鋌而走險，走上作奸犯科的道路，成爲日僑社會中犯罪的代表。

從十月開始就間歇地發生了退伍日兵搶劫、強姦婦女的案件。從十二月底起，國民政府執行開始遣返日俘（軍），便產生了大量不願被遣返的潛逃日兵，這些逃兵有些到偏僻鄉間蓋茅房耕地自食，也有人爲人拉車、當雜役、地攤商等底層工作，隱入台灣社會，但也有持槍犯案者。到了一九四六年初，潛逃日兵已經成了台灣治安的大問題。一月二日的《新生報》社論〈治安第一〉，就把日本逃兵和流氓同列爲「本省治安上最大的兩個障礙」，可見其嚴重性。這些日本逃兵所犯的罪行，大多是搶劫、強暴、殺人和藏匿盜賣軍品等。

日本殖民台灣的五十年間，其高壓的殖民政權，完全靠警察的暴力維繫。警察成了嚴酷的日本殖民統治的象徵；每一位台灣民眾，不分男女老幼，都身受其害。日本投降後，首先受到台灣民眾報復的就是警察。大多數是一般庶民的洩恨報復，特別是平常狐假虎威的台籍警察，更是首當其衝。譬如：九月七日在新竹州，有一台籍巡查被三、四名埋伏路邊的人毆打成重傷；九月十二日晚上，台中州台籍巡查，被人叫出來罩上布袋後用棍棒毆打。

這種情形，在吳新榮的回憶錄中，也有詳實的記載：

這樣地民族感情漸漸昂揚起來，由潛在性的已變出表裡性的，果然各地已發生暴動了。最初由一些私怨的台灣人圍打做日本警察的台灣人，說他們是日本走狗，因而一般的台灣人也很同情，甚至參加暴徒。

至於，對日人警察的報復就更普遍了，吳新榮也描述了一段實在的經過：有一天早晨，在八月十五日以後曾邀吳新榮到防空壕設酒食一席談的日本刑警平柳，不穿外衣、腳不著鞋，臉上有數處傷痕，倉皇地跑來說：

夢鶴君，救救命，自昨夕有人要我出去講話，我不好意思出去，他們就上榻榻米了，我不得已拿出祖先的神主給他們看，說我們的祖先也是由大陸到日本的，但他們根本不理會我，說要打死日本人，拖我跪榻榻米上，給我這麼多的傷痕。

吳新榮安頓了他後，向他說道：

你也不要怨嘆你的遭遇，你要知道你是眞正的日本人，今日你的受難是代表著日本的，今日的日本人正受到歷史的制裁，你受這小小的犧牲還算不夠了。……但是你要知道，個人對個人是有感情的，至於國家對國家並沒有感情可言。

對日警的報復事件，曾轟動一時的，莫過於曾恣意捏造「鳳山、東港」事件的首謀，原高雄州特高課長仲井清一的被殺曝屍事件。所謂「鳳山、東港事件」，其經過是這樣的：一九四一年高雄州特高和檢察官聯手捏造稱：有台灣民眾見日美英關係惡化，判斷日美英開戰就在旦夕，因此密謀乘美英攻台之時發動暴力革命，打倒日本政府實現台灣獨立。日警以違反治安維持法爲由，組成二十人的特偵班，展開大規模的偵察抓人，範圍波及鳳山、東港、旗山等地；被抓的人有律師、醫師、商人、地方士紳等有力人士以及一般百姓，事件不斷被擴大，最後被逮捕者竟高達數百人之多。日警對涉案人施以殘暴絕倫的偵訊，以乘飛機、降落傘、拔指甲、水攻法等等刑求方法，嚴刑逼供，彷彿人間地獄，不堪苦刑而致死者有四人。這恐怖事件持續了三年之久，最後在日本戰敗色已濃的一九四四年三月方才結束。最後判決內容有：律師歐清石無期徒刑、醫師州會議員吳海水有期徒刑十年、水產公會經理張明色十五年……等等。此慘無人道的事件聳動全島，一時風聲鶴唳，又恰好在太平洋戰爭期間，因此對台灣民眾也造成了震懾人心的作用。此事件有稱「東港事件」，也有稱「鳳山、東港事件」或「高雄州事件」、「台灣獨立事件」等等。

被當作首謀而判無期徒刑的律師歐清石，不幸在監獄中遭盟軍轟炸而殞命；歐清石生前在獄中曾作五首七律詩〈獄中吟〉，呈其友林茂生。其中之一如下：

獄舍風酸打抖顫　側身蜷臥不成眠
青鴛冷徹深更夢　夜鶴哀啼微曙天
想入非非思解脱　悲增惻惻恨纏綿
晨光未見霜加烈　忍苦耐寒似柏堅

真如林茂生所言：一字一血，令人切齒痛恨。

八月十五日日本投降後，在台日人由錯愕到絕望，終至墜入敗戰國民的深淵。從日本高壓下解放的台灣民眾，最素樸的反應便是「討回公道」，首先遭殃的當然是平日作威作福的日本警察。捏造慘無人道的「東港事件」首謀特高仲井清一，終於得到報應；在一九四六年一月二日被人架走，兩天後曝屍在高雄市和鳳山交界的鄉間。偵辦檢察官林某在日本敗戰前夕欲乘船逃回日本，中途遇船難，人鬼變水鬼。在仲井死後不久，其他參與偵辦的日本警察，也都先後遭圍毆毒打成重傷；而十數名台籍警察，個個不是遭毆打便是受到恐嚇。

將被遣返的「日僑」。(梅丁衍教授提供)

畫家朱鳴岡筆下將被遣返的「日僑」。(原刊於《日月譚》週刊，梅丁衍教授提供)

登船的日僑。

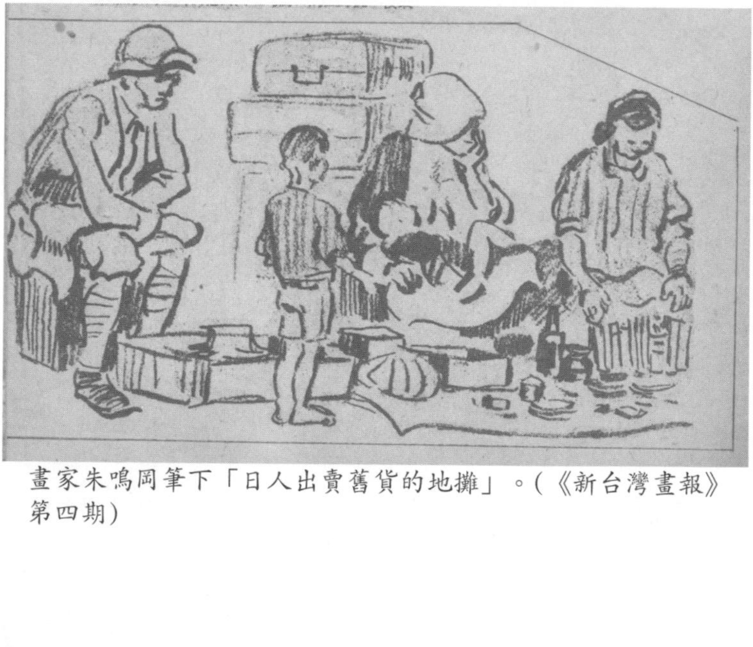

畫家朱鳴岡筆下「日人出賣舊貨的地攤」。(《新台灣畫報》第四期)

第三節　「日僑」的遣返

日僑是不是可以繼續居留台灣？這是日僑們最想早一點知道的，以便可以早爲前途打算。雖然八月十五日之後，安藤總督曾經告訴過日人「有力者」說在台日人應該可以繼續居留台灣，但隨著局勢的快速變化，這個問題到年底十二月爲止，一直懸而未決，沒有明確的答案，使日僑處於極度焦慮的狀態。爲了得到一點明確的訊息，動用關係到處打聽，但都無功而返；各人或各團體爲了爭得繼續居留下來的權力，爭相使用獻媚討好的手段，導致日僑間反目成仇。

一九四六年元旦，政府終於公布了遣返日僑的方針。在台灣的日僑的財產企業，不管將來是國有化、公有化或民有化，今年內將全部接收，日僑則全數遣返。爲了維持產業的順利運轉，只徵用少數日僑。如果有想留下的人，將會被視爲潛伏日人，繩之以法。如此，日僑去就的問題已有了明確的答案。

早在一九四五年十一月五日的《台灣新生報》上，就刊登了有關遣返日僑的消息，該消息說：「國民政府的立場是，除了中國政府所徵用的人材和技術人員，其餘全部日僑一律遣返。」基本上確立了遣返日僑的大原則。亦即「留台日人應以技術人員爲限」；故日僑雖志願留台，若非技術人員，仍須遣返；雖志願回國，因係技術人員，仍須留台。日僑留台或遣返，不依其志願，而是有強制性的。

一九四五年十二月三十日，公署成立了「日僑管理委員會」，專司日僑之遣送事務。由民政處處長周一鶚擔任主任委員，爲便利港口運輸及各地管理起見，於基隆、高雄各設辦事處，又在各縣也設立「日僑輸送管理站」。一方面與東京麥帥總部和駐台美軍聯絡組密切配合，俾得船舶之充分供應，因爲遣返作業之分工，陸上到港口部分由中國負責，而海上運輸則由美方負責；另一方面也與「日本官兵善後連絡總部」取得密切聯繫，才能在短時間內完成。

日僑管理委員會的工作有三項，包括日僑之調查、管理和輸送等。首先是進行日僑戶口調查，這工作於二月廿二日完成。調查結果，全省日僑總人數爲三十八萬八千三百三十二人。其次，分期分次配合盟軍船舶，逐漸進行輸送；第一期輸送，是從三十五年三月一日到四月三十日，共遣返日俘遺族及留守家庭六萬九千二百四十六人，日僑二十二萬一千九百一十三人，總共遣返二十九萬一千一百五十九人。第二期輸送，是從一九四六年十月十九日到一九四六年十二月廿八日止，共遣返解除徵用者一萬八千一百九十六人，殘餘日僑一萬零三百二十五人，總共遣返二萬八千五百二十一人。第三期輸送，從一九四七年四月上旬到五月三日，共送出日、琉僑三千五百六十六人。從第一期到第三期，總共遣返了三十二萬三千二百四十六人。

最後，全省留用日籍人數爲七千一百三十九人，連家屬合計爲二萬七千二百二十七人。

此外，尚有一些規避遣返、移交未清、畏罪潛逃、或解除徵用的殘餘日僑。爲了便利集中管理，遂成立「日僑集中管理所」，收容殘餘日僑。該管理所收容日僑人數最多時達三百餘人；該管理所又兼收容避沖繩戰禍來台的琉球人，多達二千多人。

「日僑管理委員會」前後遣返人數共達三十二萬三千二百四十六人，占全國遣送日僑總數的三分之一。所用船艦二百五十八艘，火車四千二百餘輛，汽車三百八十餘輛，所耗費之金錢、資源浩大；動員人數之多、計劃之繁複、工作之繁重，經年累月，爲我國有史以來未曾有的龐大行動。

當日僑全部遣還的政策決定後，日僑紛紛把家中可賣的生活用品、書籍、字畫、古董，全部擺在屋前或路邊販賣，希望換點現金支應生活開銷；孩子也出動到街頭賣香煙；男子則捲起袖子從事賣勞力的工作，失業的老師去拉車，退休官吏去開修理皮鞋的店。更悽慘的，莫如一九四六年一月廿四日《民報》所報導的一則新聞的標題一樣：「國敗戰民失職（高雄），日少婦沉苦海，可憐嬌養如花女，淪作青樓賣笑人」。

原本傲慢不可一世的「本邦人」，現在如墮入十八地獄般成了「日僑」；他們失去權力後回到了「人」的世界，像台灣人一樣，和台灣民眾一起以勤勞謀求生活。一九四五月十月十九日《民報》「冷語」欄說：

昔日主張打倒日人優越感的民族運動者，今日要來憐憫弱者的日本人了。當時極力諂媚日人的勢力者，此時或者要變做罵日人的急先鋒。……憐憫弱者是惻隱之心，不忘日人的餘威是無恥，二者不可混帳。

看到成了「弱者」的「日僑」的生活，這些原來受其壓迫的民族運動者，也不禁掬一把同情淚。

吳新榮在一九四六年三月十七日的日記，也寫下了同樣的「惻隱之心」：

昨日日僑一齊集中於高雄港，除船業公司殘有百餘人以外，像全街忽然全不見日僑的片影。這是五十年來不平凡現象，痛覺著歷史的偉大作用，而忽然間離了五十年來的邊鄰。雖然他們是征服的支配者，也不無感覺多少寂寞。而公學校時代的校長夫婦臨別流了無限的熱淚，使我們超越過民族的心。

第四節　「日俘」的遣返

在台灣的十幾萬日軍，在接收完畢解除武裝後，即全部按照指定之各地分別集中，指派部隊分別嚴密監視。一九四五年十二月十六日奉命組織「戰俘管理處」，由警備司令部高級參謀王成章任處長，美軍派員任副處長。其工作概要如下：一、派遣監護部隊。二、訂定各項管理規則，令其自行負責管理，戰俘管理處只採間接管理。三、戰俘之調查統計、教育、衛生。

爲了遣返日俘，另外設立鐵道運輸司令部及基隆、高雄兩港口運輸司令部。爲了有效率的利用船艦，縮短遣返日期，決定採取以日俘候船艦，船艦不候日俘的原則。在兩港口設「候船集中營」，隨運隨補，並嚴格執行警戒、衛生、教育及檢查的工作。一九四五年十二月廿三日驅逐艦和「夏月」號，載回第一批在外台胞五百多人後，馬上將第一批遣返日俘裝載上艦，於廿五日出港。

遣返工作一直持續到翌（一九四六）年四月三十日止。包括日俘、韓俘（一、三二二人）、琉俘（四八七人）、印尼俘（九五人），合計共遣返十六萬五千六百三十八人。

第五節　行政接管與軍事接收

十月廿五日的受降典禮上，正式完成了台灣版圖與政權的歸還，並解除了日軍司令官的職銜及指揮權。接著，便於十一月一日起，進行全面的行政接收與軍事接收工作。在行政接收方面，首先組織「接管委員會」，由民政處處長周一顎任主任委員，依陳儀所指示「工商不停頓、行政不中斷、學校不停課」的原則，確定下面三工作方針：一、維持原有機構及其業務。二、整理過去分散或不健全之機關或業務。三、改革違反民意及不合國情之制度。

⬆第一批在台日軍戰犯24名，由東京盟軍總部派機來台押赴東京受審。(《新台灣畫報》第二、三合期)

⬅被美機炸毀的總督府，光復後成爲日俘集中營。(《新台灣畫報》第二、三合期)

日俘集中聽訓。

台灣20萬日俘從1945年12月23日開始遣返。圖爲日俘集中車站等待遣返。

台灣警備司令部設立「戰俘處理處」，在高雄基隆分設「候船集中營」，隨運隨補，圖爲日俘等待遣返的情形。

各省屬機關的接收，由接管委員會總其事，接收了原總督府之各直屬機構，共有卅三單位。從十一月一日起，直到翌（一九四六）年四月三十日完畢，實際上，大多數接收工作，在三星期之內就已完成。

各地方機關之接管，也是由民政處主持，但另外組成了各州廳的接管委員會，實際負責接收工作，它包括五州（台北、新竹、台中、台南、高雄）、三廳（澎湖、花蓮、台東），總共有八個接管委員會。還有，台北市的接收，由台北市政府自己直接辦理。各州廳接管委員會設主委一人、委員二至五人，由行政長官遴派。

各州廳接管委員會的職權包括有：

一、辦理州廳以下各級行政機構之接管工作。二、指揮監督州廳以下各級行政機構繼續辦理日常事務。三、籌備接收區內新縣市政府的成立。四、考察各級幹部，選拔優秀人材，提供遴選任用。

經行政長官公署頒布「各州廳接管委員會組織通則」，並分別派定各州廳接管委員後，於十一月八日分別出發，到各州廳辦理接收。依規定之接管進度表，接管工作必須在三個月內完成。待接收工作完成且新縣市政府成立後，接管委員會隨之撤銷。

至於軍事方面之接收，首先，於十一月一日成立「台灣區軍事接收委員會」，並於委員會下設陸軍第一、第二、第三，及海軍、空軍、軍政、憲兵等七個接收組，分別擔任各軍種之接收工作。陸軍、海軍、憲兵都於當年十二月底之前接收完畢，而空軍則於翌（一九四六）年一月三十日，軍政則於翌（一九四六）年二月十四日才接收完竣。軍事接收過程中，雖然有許多日軍蓄意破壞或藏匿武器、設施的問題，但基本上平穩順利完成。

第六節　日資日產的接收與處理

一九四五年十一月，由行政長官公署與警備總司令部共同組織日產的接收單位——「台灣省接收委員會」，下設教育、工礦、交通……等十一組。行政長官任主委，除軍事由警備司令部所管外，餘皆由公署各主管機關負責兼任組主任。委員會於十一月一日開始進行日產之接收。

所謂「日產」，就是指原殖民政府或企業以及在台日人的產業，計分公有財產、企業財產和私人財產三大部分。公有財產已於一九四五年十一月開始，經「台灣省接收委員會」分組接收，或派員監理竣事。其他企業財產和私人財產，則由在「接收委員會」下增設的「日產處理委員會」負全責進行接收。這個總攬龐大日資企業和私人財產接收大權的「日產處理委員會」，其執行的工作，牽涉龐大利益，經常與台灣民眾的利益相悖，引發民怨，也經常成爲光復後官民衝突的根源。事實上，它與當時大陸各區的「敵僞產業處理局」有相同性質，在接收過程中，徇私舞弊、貪贓枉法的情形頻發；接收大員倨傲非理的態度、漫無章法的處事作法，民眾怨聲四起，使台灣光復後高昂的民族感情，以及對祖國新政府的熱情期待，開始冷卻下來；輿論批評的聲音驟起。當時上海人嘲諷接收大員徇私自肥的「五子登科」現象，也發生在台灣。

從一九四六年一月開始進行日僑的遣返工作，其私人產業之數量龐大繁多，且內容複雜，故必須成立一個專責機構，全權處理日資日產。於是在一九四六年一月，在「接收委員會」下設立了一個「日產處理委員會」，其主委副主委由行政長官遴選請中央行政院簡派，實際負責處理台灣區內的「敵僞產業」，且由行政院監督指揮。此外，因台灣日產繁多，且分布區域廣大，故於同年二月在本省十七縣市設立分會。其後，又於七月在該會下新設「日產標售委員會」，用以管理接收日產之估價標售，以及新設「日產清算委員會」，專門負責日台合資企業及金融機構一切債權債務之清算事宜。

於此，一個利益龐大且關係複雜，不亞於政權及政權機關接管單位的日產接收單位——「日產處理委員會」，於焉誕生。它在日僑遣返的同時，專負接收日資日產的工作。由於它的主委、副主委是由行政院簡派，且受行政院監督指揮的，可以說，南京的國民政府把手伸到台灣的日資日產的接收與處置，使事情更加複雜。

日產的接收工作，於一九四七年四月結束，「日產處理委員會」也隨之廢除。同時，該年五月，陳儀因二二八事件下台，中央政府將行政長官公署制改爲省政府制，委員會把原總督府的公有財產部分移交給繼任的台灣省財政廳管理，並成立「日產清理處」繼續處置殘餘的日產。

第八章

失望與批判的開始

八月十五日以後，台灣民眾高昂的民族意識以及建設新台灣的願望，在十月廿五日的台灣光復慶祝大會上達到了最高潮。實際上，在高潮的背後已經潛藏了米價高漲以及日銀券泛濫的通貨膨脹問題。日銀券泛濫的問題，其原因是日本中央政府用各種管道把大量日銀券運到台灣濫發所造成的，公署毅然以迅雷不及掩耳的貨幣政策對付，收回了通貨，降低物價，博得了民眾的喝彩。至於米價暴漲的問題，初時公署採用了錯誤的政策，反助長了米價，其後雖調整了政策，但效果不彰，無法抑制米價。米價問題的根本原因，是日據末期日本戰爭總動員體制所遺留的問題，亦即「預伏的炸彈」，不是一時可以解決的，然而，它卻是戰後初期台灣最大的社會、政治課題，造成社會的動盪。

進入十一月，隨著接收、接管的進行，開始浮現了新的問題，那就是御用士紳問題、省籍隔閡問題以及任用人材的三大問題；也可以歸納爲省籍隔閡和任用人材的兩大問題，因爲御用士紳的問題，基本上屬於人材任用的範圍。

這兩大問題引起了台灣有識者的批判，造成民眾的失望。進入一九四六年，這兩大問題益形嚴重，一直困擾著、撕裂著台灣社會。

這兩大問題的浮現，也預告了八月十五日後以昂揚的民族意識爲主調的，激動的一百天的結束。

第一節　對「泛濫的日銀券」的鬥爭

在前面的章節也曾提到過的總督府主計課長鹽見俊二，他在《我的終戰日記》中的八月三十日寫道：「我去台灣，是通過『終戰連絡事務局』的，因爲台灣通貨膨脹台灣銀行券不足，恰有滿載著大藏省日本銀行紙幣飛台灣的飛機，我在美國占領軍的許可下，順便搭這飛機回台灣。」又在九月九日寫道：「我搭乘的水上飛機，速度很慢，早上四點從横濱出發，下午四點才到達淡水河口，在這期間我是趴在那大批台灣（按：此爲「日本」之誤）銀行券上面的。」

不管鹽見是順便搭乘該機，或實際上是負責運來這大批日銀券也好，至少他的日記證明了一個事實：敗戰後日本政府還印製大批紙幣，載到台灣來濫發給在台灣的日軍日人。這大批日銀券的流入，急速助長了台灣的通貨膨脹，使物價高騰。八月十五日日本投降當時，台灣的通貨發行總額有十三億，但是到了十月卻暴漲到二十八億，短短兩個月間暴增了十五億元，這是十分異常的現象。這些貨幣從哪裏來？

從鹽見的日記就可知道這是日本中央政府有計畫的作爲。而且，這暴增的十五億元全部都當做付給日軍日本官吏的退職金，或付給軍需關係企業的款項；不論如何，這大筆貨幣幾乎流進了占台灣人口還不到十分之一的日軍日人口袋中，使他們突然富有起來，再加上風傳日人歸國只能帶一千元，更促使日人自暴自棄的浪費，大量消費了台灣的物資。這又助長了台灣的通貨膨脹物價奔騰，間接地使台灣大眾貧窮化，生活日益窮迫，並助長社會不安，其弊害令人吃驚。

面對這撲面而來的挑戰，初到達台灣的行政長官公署財政處，毅然於十一月七日以迅雷不及掩耳的鐵腕措施，下令這批日銀券及台銀背書日銀千元券從次（八）日起禁止使用，不得在市面流通，並限定於十二月九日止一個月之內存入指定的銀行，若在期限內不存入，期限後全部無效。該辦法爲了兼顧持有者的生活花費起見，規定存入一個月後，每戶每月最高得支領三百元，對公司法人的事業資金所需的質借也另有規定。

這項措施立即收回了四分之一的浮濫貨幣，收縮了通貨，不但抑制了通貨泛濫的現象，節約消費，驅逐了敵國貨幣，且體現了矯正日台人之間金錢財富的不平等現象，這項措施博得了絕大多數台灣民眾的喝彩，得到報刊輿論的正面支持。日人日軍的驚駭不滿是當然的，但已經成爲日僑日俘的他們也莫可奈何；然而，對這措施不滿的還有一部分台灣的土著資產階級，因爲他們藏有的日銀券千圓大鈔也被凍結了。於是他們便批評說：「這次的處置是浙江財閥要壟斷台灣的整個經濟界，所以先下手凍結台灣土著資產階級的活動資金，使其不能活動，而其間某某財閥可悠悠地準備它的獨占計畫。」等等；他們企圖利用省籍隔閡，把問題焦點轉移到大陸財閥想獨占台灣經濟的問題上去。但是，台灣的有識之士以及一般市民大眾並沒有受到他們的蠱惑。

第二節　米價暴漲問題

八月十五日以後，台灣的物價大幅度的下跌，各種商品源源不斷地流出，市面上商品堆積如山。一般民眾從半飢餓狀態中解放出來，歡歌和平的到來，流連市集大量消費；特別是在台日人日軍，因爲總督府先發放了退休金以及退休後的一年津貼，貨幣上頓時富有起來，另一方面又處於戰敗國民前途未卜的焦慮狀態中，因此產生了「自暴自棄的濫費」，闊步於繁華市街，成爲當時商品消費的主力。

然而，台灣與全世界任何國家、地區一樣，戰後必定面臨的是生產停頓、復員不易、民眾普遍失業、物資匱乏、通貨膨脹、物價暴漲等問題。一時的市場榮景，是因爲戰時的管制機構崩潰，造成商人囤積商品大量釋出；而且日軍軍用米流出，以及戰時糧食管制機構「糧食營團」的舞弊盜賣等也是重要原因。沒有生產爲基礎的大量消費，是不可能持久的。到了九月下旬，物價開始上漲，市場上一斤米由原來跌到二元以下的價位，節節上漲，十月十日漲到二元以上，到了十二月底已飆漲到八元，而且還買不到。這大大壓迫了一般市民的生活，特別是靠薪水收入生活的人，收入薪水遠遠趕不上暴騰的物價，當時報紙還報導有外省籍的小公務員爲此自殺的消息。

《民報》在創刊後的第五天（一九四五年十月十五日，亦即，陳儀還未蒞台之時），刊出的第一篇社論便是有關米價的問題——〈吃飯的問題　第一要費心〉，對糧食問題憂心忡忡。到了該月底米價成倍地上漲到三元三角。

在行政長官公署剛剛成立，且剛慶祝光復完的第六天，長官公署針對米糧問題，頒布了「管理糧食臨時辦法」，想暫時沿用日據末期的糧食統制機制，利用「糧食營團」的組織強制收購糧食，對民眾施行配給制，且規定米的公定價格爲一斤一元。

這個倉促中決定的米糧政策，引起了輿論的反彈、批評，事實也證明它是失敗之策；因爲在該辦法頒布以後，米價不但沒有下跌，到了十二月底還暴漲到一斤八元。

米價暴漲的問題，成了台灣光復後的最大問題，爲破曉時刻的台灣帶來了一抹烏雲。律師、三青團台北分團的陳逸松在《政經報》社論中，把糧食問題和金融問題並列爲「目前最緊急的政治問題」；十一月初他還以「政治經濟研究會」之名，舉辦了一次「糧食問題對策」的討論會，對糧食問題的嚴重性，其原因，以及現行政策「管理糧食臨時辦法」的缺點，進行了深入的討論，最後提出了解決問題的建議。到翌（一九四六）年的元旦，米價仍居高不下。原台共成員、《政經報》主編的蘇新，在該刊的元月號社論上寫了〈再論「糧食問題」〉，嚴厲批評了長官公署的「管理糧食臨時辦法」，說原來要解決省民對於糧食事情不安的「臨時辦法」，反而加重省民的不安，「反把省民趕到飢餓線上去了！」反成了「逆效果」。他批評「父母官」：「不徵求他的人民的意見，反聽了一部分日人陰謀家的話，上了他們的當，繼續萬人怨嗟的日本式的管理方針，使一般老百姓有的嘆息說『新的也是一樣！』而一部分的日人卻暗中鼓掌說：『上我們的當了！』」對於米價暴漲所造成的社會結果，蘇新感嘆地說：

六百多萬省人歡喜光復當中，把歡喜的呼聲變爲怨嗟的嘆息。

這些討論、批評的聲音，對於造成糧食問題的原因，大致有下述幾點看法。

一、今年（一九四五年）稻米生產量的絕對不足。因爲戰爭，使稻米產量跌到只剩往年的三、四成，致使生產量無法滿足消費量，缺口達到一百五十萬石之多。其根本原因在日據末期戰爭動員體制的「竭澤而漁」，把所有的稻米的生產要素（如人力、肥料、農具等）全強徵爲戰爭資源，把台灣「要塞化」，致使農村勞動力不足；對外交通斷絕而不能輸入肥料；水利設施荒廢也造成灌溉水不足。

二、戰爭總動員期負責米糧徵購以及米糧配給工作的「食糧營團」的各級機構，戰後基本上已喪失了機能；不但停止了原有的工作，還利用獨占的權利，囤積居奇抬高米價，「是戰時利得者」，「是搗亂經濟秩序的漢奸」。

以上兩項被稱爲「敵人預伏下的炸彈」。

然而，公署頒布的「管理糧食臨時辦法」卻不顧（或不理解）這樣的客觀現實，想利用原有日人留下來的機制，克服戰後的米糧問題。不但沒有解決問題，還火上加油，把一般市民逼到飢餓線上，招來民怨。

因此，大多數人都建議公署廢止或修正「管理糧食臨時辦法」，改採用市場經濟原理，放寬米糧自由買賣，廢止不切實際的公定價格制度，只要訂定最高米價即可。另外，便是建議輸入外米、緊急輸入肥料、修復水利等等。

一九四六年一月十一日，公署終於修正了「臨時辦法」，停止「糧食營團」的運作，也就是停止強制徵購和配給，准許人民得自由買賣米糧。然而可能是由於相關配套措施不足，雖然在修正案公布後，米價一時下跌到一斤五元，但是到了三月底又攀升到七元。之後，隨著國共和談破裂，大陸經濟逐日混亂，特別是上海物價的暴騰，使台灣的米價問題也日益嚴重。

隨著過去日人遺留下來的問題日益浮現，再加上整個中國戰後問題的影響，八月十五日後原本對未來充滿玫瑰色的希望，高昂的民族情感，以及建設三民主義新台灣的誓言已逐漸褪色冷淡；取而代之的是米價、物價暴漲的問題，省籍摩擦問題，貧富不平等問題，民主政治的問題……等等，這些都將躍上一九四六年的歷史舞台。

第三節　漢奸總檢舉

一九四六年一月十六日，台灣省警備總司令部奉陸軍總司令何應欽之命令，舉行漢奸總檢舉，規定從一月十六日到廿九日兩週內爲檢舉期間。該命令發表後，全島嘩然，因爲對漢奸的定義及範圍不明，議論紛紛；什麼樣的人才是漢奸，莫衷一是，社會上發生互相攻訐、肆行恫嚇的情形。有報紙專欄批評說：「只恐日本投降之前，凡住在台灣之本島人民，無一不有利敵行爲，即無一不爲漢奸。」因此，公署方面才又於十八日說明，應依中央法規，在一九四五年十二月十二日公布實施的「懲治漢奸條例」爲準，本省當照此條法律辦理，並將該條例全文刊布。

隔數日報刊上刊登了「本省首批漢奸入網」，入網的竟然是日據期汪精衛南京政府在台灣設立的中華領事館的館長和館員五人。

十九日的《新生報》社論指出，這是大事不可濫權亂捕，在本省只有五種人才可稱爲漢奸……第四種是日本投降後，繼續與敵人勾結，蔑視開羅會議之決定，假獨立之名，反對光復，而企圖仍將台灣置於日本之統治下者……。警備總部於三月間，才把涉及八·一五台灣自治（獨立）案的御用士紳們逮捕，關入東本願寺高級戰犯看守所。

據報載，漢奸總檢舉結束之日，接獲民眾的檢舉共有三百件。

實際上，公署或警備總部方面並沒真正想檢舉漢奸，反倒有利用檢舉漢奸的威嚇效果，來制御原皇民奉公會的御用士紳的傾向。

第四節 「御用士紳」問題與「省籍隔閡」問題

「御用士紳」問題

進入十月，報紙上出現了許多小專欄，雖短短不過二、三百字，卻短小精悍，言簡意賅，對現實極具批判力，相當反映了那個時期的社會共同問題。譬如：十月份的焦點幾乎集中在針對日人以及御用紳士的批判；而進入了十一月，則對行政長官公署的行政弊端以及省外人士作風的批判逐漸增多，當然對日人和御用士紳的批判仍然繼續著；到了十二月以後，新政府的施政和省籍摩擦問題開始成爲重要的議題。

一、對御用士紳的批判，摘要如下：

御用士紳要退場反省，這可以説是卜決光復台灣未來的重要關鍵，也是爲建設新台灣不能免之過程。有說：「市論囂囂，在攻擊漢奸及御用紳士，可說是民權伸張、民氣振作的新現象……你們若再巧弄如簧之舌厚顏無恥，效百鬼夜行於青天白日之下，須要明白眾怒是難犯的啊。」

二、對「改姓名者」及「日籍台胞」的批判，其摘要如下：

「他們是台灣歷史的悲劇，被歪曲的人且是精神上的亡國奴」，「應該澈底清算過去之所謂『日本精神』，來做一個完全之中國人」。另外，對於少數已入日本籍的台胞，則冷嘲道：「有一種恥作台灣人，營謀做日本人的養子，既獲日籍已經不是台灣人了，不知道這種人，有決心要和日人一塊兒歸國去準備沒有？」

三、對於大御用士紳「獨立夢」的批判，摘要如下：

日本來侵略台灣，當時民氣所激，曾發生流過許多血的民主國獨立運動。

> 義民的壯舉，事雖不成亦足以歌以哭，成敗何足論哉！對於台灣光復，敢運動獨立者，是秦檜一流人遺臭萬年！

另外，《民報》還特設「檢查衙門」欄，要讀者：「凡對務須告發查辦的漢奸等，請詳錄罪狀及證據，以便筆誅。」結果，有一名「趙斬奸」者，爲文檢舉了「獨立夢」，他說：

> 台灣光復的喜悅，是六百萬台胞同樣的心情。但事出意外，竟有少數人願甘心永作日人奴隸的漢奸，和日軍參謀等密議陰謀獨立……如此漢奸，若不早爲處置，將來要人中難保不無中其狐媚之術，則遺害不少矣。

四、對時代投機者的舉發批判：

如《民報》有一「茶館」欄，有一次的題目是〈黨不是護身符〉，提到有幾位艋舺的先生，自發地跑去省黨部，說他們要出來爲黨國效勞替同胞謀福利。作者說其中有一位，是「日本政府時代奉養的走狗黃某，他最善體人意，學會了一身巴結諂媚的好本領，一味地結托日本警察，到處耀武揚威欺壓同胞……」。還有件很可惡的事，就是日本投降後不久，國民政府還未來接收之前，「就是他當保甲協會解散席上，對著在座上的人演講說台灣歸還『支那』我是很不願意的，我們台灣應該宣布獨立才是。『支那兵』若跨上台灣的土地，我們馬上要團結起來和他們拚個死活云云」。這個黃某的例子，正是前面第二章所提到過的，八・一五後數週內，台籍皇民階層表現出抗拒復歸，有「自治（獨立）」傾向的一個典型人物。

「省籍隔閡」問題

身受過日本殖民者以及其「走狗」（或俗稱「三腳仔」）欺負凌虐過的台灣有識者或民眾，在日本投降後，將其過去的痛楚化爲高昂的民族情感，控訴清算過去的歷史和人，這是當然的，也是很自然的。只有通過控訴和清算才能「去殖民」，才能將民族情感昇華重生；也因爲如此，他們對祖國的期盼也是純粹無瑕的，對祖國的要求也特別高。對於台灣民眾的這種心理，初履台灣的省外人士或公署官吏是很難理解的。這種隔閡就像台灣作家楊逵所形容的「澎湖溝」的存在，使省內省外之間的摩擦頻生，終至產生了「省籍隔閡」的問題。這個問題，早從行政長官公署正式在台北成立起，就發生了。這些問題都曾反映在報刊的小專欄上；大概從十一月起，對行政官吏和省外人士的批評逐漸增多。這些批評可大致分兩類，一類是對行政官吏施政作風的批評；另一類是對外省人士或官吏對待省籍同胞態度的批評。

第一類的批判，文摘如下：

一、「軍官民各方面的接收，欲行不動，大有牛步遲遲之概。」

二、「故國的大人先生們來了後，百般物價逐日昂騰，小百姓們漏出怨言了。」

三、「此時若再屈了台灣的人材，人們就要拿日人治台當時的樣子來比照了。」

四、「近來又盛傳著『你們也不有什麼好處』的一句話！曾是得意的日人，對著失意的本省人的誇耀語。據聞某機構被接收，日人全數留任，更增薪水，喜出望外。」

第二類的批判，主要是對於外省來的官吏對待省籍同胞的不良態度的批評；而這些不良態度，是緣由於對台灣的不認識或無知而起的。省籍人士最感不滿的，包括有：外省人每每指摘省籍同胞奴化、日化、沒有文化思想、不懂三民主義、不懂國語文等等，而且抱著一種「新優越感」。

關於這方面的批評，文摘如下：

一、「本省人五十年來受了日人的奴化教育，是應該要承認的。但除了一部分的御用紳士而外，大多數何嘗奴化？」

二、「本省人寫國文，時常被人們批評爲『日化』，對此我們有點見解。在帝國主義強壓下的台灣，要堅持民族精神到底，已經不是容易的事！」

三、「關於本省人不懂三民主義的問題，有批評說：『恐怕內地的鄉鎮，未必就有本省的普遍，請別省份來的人，不要認識錯誤。』」

四、「時常聽見『台灣人的文字、生活不要日化』的說法，好像帶有鄙視的味道。民族精神把握的定，形式上的問題慢慢地改變有什麼關係呢？」

五、「倘若因爲國語國文比本省人勝一籌的人們，於不知不覺之中，抱著新優越感。那就要違背民族融合的大精神，並且大有礙於台灣新建設的進展。」

六、「聽見別省人對我們說話，都用『你們』兩字，一股冷氣，感覺著很疏外很隔膜。大家採用同一民族的立場，莫分省別，只稱『我們』，豈不是較親熱一點嗎？」

省籍間的隔膜甚至摩擦，並沒有隨之減少；反而隨著有些行政官吏的腐敗、無能，利權分配不均以致相互爭奪，再加上經濟惡化，物價高漲，失業者衆等問題，而更形嚴重。成爲往後社會的最大問題，給台灣社會埋下了難以彌補的裂痕。

第五節 「失望」的開始——任用人材問題

十月廿五日的受降典禮上，行政長官陳儀從總督安藤手中接收了政權；接著從十一月初起，就全面進行行政接收。接收工作除了事物的接收外，就是要重建新的政治制度；特別是有關新人事的任用，更是大家注目的焦點。台灣民眾都殷盼在人事任用上有清新作爲，除了多舉用台籍人材之外，還要舉用有操守節義的優秀人材。關於這問題，王白淵用王溪森的筆名在《政經報》上刊登了〈起用台灣人材應有的認識〉一文：他認爲台灣光復後的人材起用問題，將會決定建設台灣的成敗問題，要用很審慎的態度從民眾裡面來開發大批真正的優秀人材，而不要誤認爲在過去占有社會上優越地位的就是台灣唯一的人材，而把台灣的建設草草交給這一類人。王白淵文中也分析說，這一類人都是在日本殖民者五十年來苛烈的政治淘汰下登台的，是有「卑劣奴隸根性」的人，譬如，御用士紳、警察等。他加重口氣說：

> 對於台灣政務機關的接收，就不是由帝國主義的政府移交另一個帝國主義政府的接收，而應該是由帝國主義政府移交革命政府的革命的接收。

但是，島內各地進行中的行政接收情形，卻與如王白淵等台灣有識之士之殷盼相反；所任命留用的，卻都是日籍警察官吏以及日據時期與之結托的當地御用士紳。這大大打擊了台灣民眾高昂的民族情感，以及對新政府民主政治的熱烈期待。

看到這種情形，蘇新在同誌上的社論〈論人事問題〉一文中，生動且剴切地說：

> 老實說，八・一五以來，我們百姓的感情是歡喜、歡迎、期待、失望的連續。歡喜什麼？歡喜台灣光復。歡迎什麼？歡迎陳長官蒞台主政。期待什麼？期待新政府肅清奸黨，一新人事，芟除百姓的痛苦。失望什麼？失望新政府仍然舉用奸黨，留用日籍官吏。……民眾的失望，對於此後台灣的新建設，有很不好的影響。

蘇新的這段話，十足地反映了八月十五日以後，台灣民眾激動感情的變化歷程。對新政府從接收政權後的作爲，看到日台籍官吏、警察以及大家要求他們退場反省的御用士紳，又重新登場，因而產生了失望的感情；八月十五日後一百天的歡喜激動已逐漸冷卻，取而代之的是「失望」的開始。

大事紀

（1945年2月-1946年1月）

一九四五年

二月

二月四日　美、英、蘇三國政府首腦，在蘇聯克里米亞半島的雅爾達舉行會議。

二月十一日　三國簽訂了「雅爾達密約」（或稱「協定」，正式名稱是：「蘇美英三國關於日本的協定」）。

四月

四月一日　美軍登陸琉球島。

四月五日　蘇聯宣布廢棄「蘇日中立條約」。

四月九日　中國抗日戰爭湘西會戰開始。

四月十七日　台灣革命同盟會，在重慶舉行紀念台灣淪陷五十周年大會。

四月廿五日　聯合國國際組織會議，在美國舊金山召開，並通過「聯合國憲章」。

五月

五月八日　德國正式簽署無條件投降書，世界各國人民歡慶反法西斯戰爭勝利。

五月卅一日　美軍轟炸機對台灣進行了最慘烈的轟炸。

七月

七月十三日　日本發秘電給莫斯科，希望蘇聯出面調停大戰。

七月十六日　美國在新墨西哥州的沙漠中，原子彈試爆成功。

七月廿六日　中、美、英三國共同發表「波茨坦宣言」，促令日本政府立即宣布放下武器無條件投降。

七月廿八日　日本首相鈴木聲明拒絕投降。

中國軍隊克復桂林。

八月

八月六日　美國向日本廣島市投下了第一顆原子彈。

八月八日　蘇聯對日宣戰

八月九日　一百五十萬蘇聯大軍進攻滿洲（東北）。

美軍向日本長崎投下第二顆原子彈。

八月十日　日本政府通過瑞士、瑞典等中立國政府，向中、美、英、蘇四國提出接受波茨坦宣言的照會。

八月十一日　中、美、英、蘇四國對日本乞降照會復文：日皇及日本政府統治國家之權力，須聽從盟國最高統帥命令，日本政府之最後形式將依日本人民的自由意志決定。

八月十四日　日本召開最高戰爭指導會議成員及內閣成員舉行「御前會議」，決定接受波茨坦宣言，無條件投降。當夜，日本少壯軍人發動拒降叛變。

八月十五日　日皇裕仁以廣播「停戰詔書」的方式，向全世界宣布無條件投降。蔣介石以中國戰區最高統帥名義，致電日本中國派遣軍總司令岡村寧次，指示六項投降原則。

八月十六日　安藤利吉總督向全台灣廣播，勿輕舉妄動，等待善後措施。

八月十八日　蔣介石令何應欽全權處理中國戰區日本投降事宜，並把中國戰區分十五個受降區。陳儀爲第十五（台澎）受降區的受降主官。

八月十九日　日本派軍事代表團赴馬尼拉與盟國會商日本受降事宜。會議上盟國把第一號命令交給日本代表。

八月廿二日　日軍背後策動，由台灣士紳辜振甫等出面所推動的台灣自治（獨立）事件，由於安藤的告誡而失敗。

八月廿八日　盟軍先遣部隊進駐日本厚木機場。

八月廿九日　毛澤東、周恩來、王若飛飛抵重慶，與國民政府商議戰後建國問題。

國民政府特任陳儀爲台灣省行政長官。

八月三十日　盟軍最高統帥麥克阿瑟抵達日本厚木機場。

國民政府續派任行政長官公署各處處長。

八月卅一日　林獻堂等台灣士紳，在日軍參謀長諫山春樹的安排下，前往上海、南京欲參加南京的受降典禮。

國府最高國防委員會交下臨時性的「台灣省行政長官公署組織大綱」。

九月

九月一日　在重慶市成立「台灣省行政長官公署」及「台灣省警備總部」臨時辦公室。

十八名中美軍政人員搭日方砲艦來台。

九月二日　在東京灣美艦密蘇里號上舉行日本的受降典禮。日本政府及大本營向日本陸海軍發出一般命令第一號，要各地軍官兵遵守投降處置。

九月七日　國民政府派任陳儀兼台灣省警備總司令。

九月九日　麥克阿瑟在東京成立「盟軍最高總司令部」，全面掌控日本。何應欽在南京中央陸軍官校大禮堂主持中國戰區受降儀式，侵華日軍總司令岡村寧次在投降書上簽字。美軍登陸朝鮮仁川港。

九月十日　台中地區成立「歡迎國民政府籌備委員會」，葉榮鐘任總幹事。

九月十四日　中國空軍第一路司令張廷孟由南京飛抵台灣，進行接收在台日本空軍的準備事宜，於十八日完成任務飛回南京。

九月十九日　日本政府表示將向中國派遣「謝罪使」，以及全面反省中日關係，表達全民「總懺悔」之意。

九月廿一日　國軍航空部隊約二百人進駐台灣，廿一日起進駐台北、台中、嘉義、屏東等四機場。

九月廿六日　陳儀在重慶的外國記者招待會上，發表治台方針。

九月廿八日　在重慶成立「前進指揮所」

九月三十日　「台灣學生聯盟」成立。

十月

十月一日　中國國旗在台灣升起。中國空軍第一路司令張廷孟，要求日軍降下總督府的日丸旗，升上中國國旗，日軍照辦。

十月三日　八・一五日後最早公開發刊的雜誌《台灣民主評論》創刊。

十月五日　赴京滬返台的台灣士紳林獻堂、陳炘、林呈祿等籌組的「大公企業公司」在台中成立。

十月六日　由公署秘書長兼任的前進指揮所主任葛敬恩所率領的「前進指揮所」抵台。

謝雪紅等籌組的「台灣人民協會」在台中成立。

「前進指揮所」在原總督官邸舉行了升旗典禮後，馬上將公署及警備司令部的第一、二號備忘錄交付給日軍參謀長諫山春樹，指示日軍執行投降準備事宜。

十月九日　日本成立幣原新內閣。

十月十日　台灣舉行五十年來第一次國慶日。

由林茂生任社長、陳旺成任主筆，許乃昌任總編的第一份中文報《民報》出刊。

國共簽訂了「雙十協定」（正式名稱：「政府與中共代表會談紀要」），共同確立了和平民主的建國方針。

毛澤東出席蔣介石的國慶招待會，並與蔣會談。

前進指揮所公告，原台灣貨幣仍繼續流通，禁止法幣在台使用。

十月十二日　長官公署特設法規、宣傳兩委員會。

「台灣科學振興會」成立，另外，「台灣新生教育會」也在同日創立。

十月十四日　成立「台灣律師協會」籌備委員會。

「台灣人文科學會」成立。

十月十五日　前進指揮所發出第二次通知，禁止買賣日人公私產。

在台灣已接收完成的中國空軍，從飛機上向全島各處散布〈告台灣同胞書〉的傳單。

十月十七日　國軍第七十軍抵基隆，公署官員二百餘人隨同抵台。

十月十八日　第七十軍抵達台北車站，歡迎民眾人山人海。

十月廿四日　陳儀蒞台，在松山機場即席演說。

十月廿五日　第二批國軍抵台。
上午舉行台灣區受降典禮，典禮上陳儀交付安藤第一號命令，完成政權接收。陳儀即席發表演說：「從今日起，台灣及澎湖列島，已正式重入中國版圖……」。下午舉行了「台灣光復慶祝大會」。
李萬居接收《台灣新報》改名爲《台灣新生報》。另外，《前鋒》、《政經報》、《民生》、《時潮》等雜誌創刊。
中美舉行遣返日僑、日俘聯合會議。

十月廿六日　由台灣士紳林獻堂等所組成的「台灣建設協進會」在台北成立。

十月廿七日　陳儀召開接收會議。

十月廿八日　成立「省外台胞送還促進會」，林獻堂任會長，積極促進流落省外台胞國。

十月廿九日　炭礦實業家劉明創設「義勇糾察隊」，協助維持治安。
陳儀在公署第一次擴大紀念週上，講今後的治台方針。
「台灣文化協進會」召開發起人談話會。

十月三十日　「台灣民眾聯盟」在台北舉行磋商會，選出起草委員。

十月卅一日　行政長官公署公布「管理糧食臨時辦法」。

十一月

十一月一日　由民政處組成「接管委員會」，接管原總督府直屬機關。另也由民政處組成「各州廳接管委員會」，負責各地方州廳的接管工作。軍事接管，由警備總部負責組成「台灣區軍事接收委員會」進行接收。

「台灣省接收委員會」成立，專門負責日資、日產的接收，由陳儀任主委。

十一月三日　行政長官公署成立台灣省農林處糧食局。

國民政府公布台灣與大陸匯兌流通管理辦法。

十一月七日　行政長官公署通告，省內日本銀行兌換券以及台灣銀行背書之日銀兌換券，自八日起禁止流通，並規定於十二月九日之前應存入指定之銀行，逾時無效。

十一月八日　八個各州廳接管委員會分別出發辦理接管工作。

警備總司令部發表通告，嚴禁法幣流通。

十一月九日　中國開始遣返日僑、日俘，中方負責內陸運輸，美方負責海上運輸。預定至一九四六年共遣返二百十二萬餘人。

十一月十二日　三青團台灣區團部籌備處出刊《台灣青年》半月刊。

十一月十三日　中國國民黨台灣省黨部開始辦公。

十一月十五日　教育部特派員羅宗洛正式開始接收台北帝大。《新風》月刊創刊。

十一月十六日　「省外台胞送還促進會」在台北市太平國校召開「被日軍召往省外台胞未歸者家族大會」。

十一月十七日　公署頒布「台灣省人民團體暫行組織法」，規定所有團體應重新登記。台北大稻埕舉辦「台灣革命烈士追悼會」

十一月二十日　《新新》月刊創刊
第六十二軍已到達台南市，台南市民歡迎國軍。
公署將原「台灣戰時物資營團」，改組爲台灣省貿易公司。

十一月廿四日　公署公布「台灣省糧食徵購額調整委員會組織辦法」。

十一月廿五日　行政院命令將「台北帝國大學」改組爲「國立台灣大學」。

十一月三十日　公署令禁止食糧輸出及走私砂糖

十二月

十二月一日　公署令公布「台灣省禁絕鴉片辦法」。
昆明發生「一二・一慘案」。

十二月七日　國民黨台灣省黨部組下鄉訪問團，訪問全省各地，宣揚三民主義，擴大組織。

十二月九日　公署公布「台灣省人民回復原有姓名辦法」，讓皇民化「改姓名者」得回復舊姓。
公署公布「台灣省徵購米糧獎懲辦法」

十二月十日　公署宣傳委員會出版《現代週刊》。

十二月十二日　國民政府公布實施「懲治漢奸條例」。

十二月十三日　七十軍招收志願兵，一二七名台籍青年入營。
警備總部成立「戰俘管理處」

十二月十六日　日本幣原首相第一次承認日本為侵略戰爭。
在台北市公會堂舉行三民主義宣傳大會，蔣渭川任主席。

十二月十九日　警備總司令部公報稱：日俘即將次第遣返

十二月廿三日　日本護航艦和日商船「夏月」號，滿載第一批滯留省外台胞返抵基隆港。

將日俘裝載上「夏月」號，廿五日出港遣返第一批日俘。

蔣介石在南京召見岡村寧次。

十二月廿五日　公署決定將本省地方行政機構，由原八州廳改爲八縣，郡改爲區，街改爲鎭、庄改爲鄉，鎭下面設里，鄉下面設村。縣府將於明年元月正式成立。

十二月廿七日　公署公布實施「台灣省日僑管理委員會組織規程」。

十二月廿八日　全省八縣長代理縣長人選已派定，台北縣陸桂祥，新竹縣劉啓光，台中縣劉存忠，台南縣袁國欽，高雄縣謝東閔，花蓮縣張文成，台東縣謝真，澎湖縣傅緯武。

十二月廿九日　公署遵照行政院內政部命令，應在一九四六年四月底前成立各省、縣、市之參議會。故頒布「台灣省各級民意代表成立方案」。明年五月一日召開省參議會。

十二月三十日　公署成立「日僑管理委員會」，專司日僑之遣返。

一九四六年

一月

一月一日　「台北號」命名典禮；該船原名「人雅」號，戰時被炸沉，經打撈修復後命名「台北號」。

台北市擬將日式街名，改爲新街名，歡迎市民提供意見。

食堂、旅館、理髮各業實施公定價格。

一月三日　《人民導報》創刊，宋斐如任社長，蘇新任總編輯。

原高山同胞「蕃童教育所」一律改爲「國民學校」。

高雄成立了台灣史上第一個婦女團體「台灣婦女協會」，理事長李幫助女士。

一月七日　「台灣民眾協會」舉行成立大會

三青團台灣區團舉辦了「全省婦女聯誼大會」。

台南縣政府成立。

《民報》報導：東京麥克阿瑟總司令部發表，原台灣總督安藤利吉和總務長官成田一郎被指名爲戰犯。

一月八日　國民政府公布召開政治協商會議辦法。

一月十日　國共達成停戰協定。

在重慶召開「政治協商會議」；該會議到卅一日結束。

台中縣、新竹縣政府成立。

在倫敦召開聯合國全體大會，有五十一國代表二千多人參加。

一月十一日　公署修正「管理糧食臨時辦法」，停止糧食配給制度，准許米糧自由買賣。

花蓮縣政府成立

一月十三日　成立聯合國安全理事會。

一月十四日　在「台灣省接收委員會」下成立「日產處理委員會」。

一月十六日　公署公布「台灣省鄉鎮代表會組織規程」及「鄉鎮民代表選舉規則」。

公署派連震東接替陸桂祥任台北縣代理縣長。

省警備總司令部公報規定，從一月十六日到一月廿九日兩週爲全省漢奸總檢舉之日。

一月十七日　公署公布「台灣省專賣局組織規程」。

一月十九日　聯合國安理會舉行第一次會議。
省警備總司令部公布「人民檢舉告發日軍官兵罪行辦法」。

一月二十日　省黨部舉辦台北市各界婦女招待會，會上宣布將組織「台北市婦女會」，公推謝娥等進行籌備。
專賣局公布專賣品私製私賣等取締辦法。
《中華》月刊創刊，主編龍瑛宗。
舉行「瑞芳慘案追悼大會」。

一月廿四日　公署公布「台灣省公民宣誓登記規則」
省警備總司令部發表：該部奉命逮捕台灣地區日本戰犯，共有原台灣憲兵司令上砂等四十名。
省警備總司令發表：逮捕首批漢奸，爲「僞中華領事館」人員五人。
公署農林處在中山堂召開全省水利事業討論會，通過「台灣省農田水利辦法」。

一月廿六日　台北市政府公告台北市新舊街道名稱。

一月三十日　政治協商會議通過了「和平建國綱領」。
國民黨省黨部出版《台灣畫報》，藍蔭鼎主編。

一月卅一日　政治協商會議閉幕，共通過了「關於政府組織問題的協議」、「關於國民大會問題的協議」、「關於和平建國綱領」、「關於軍事問題的協議」、「關於憲草問題的協議」等五項協議。

公署宣傳委員會出版《新台灣畫報》，編輯：白克、柳健行。

附　錄

附錄一

蔣委員長與美國總統羅斯福、英國首相邱吉爾在開羅聯合發表對日作戰之目的與決心之公報（開羅宣言）

——民國三十二年十一月二十七日

羅斯福總統、蔣委員長、邱吉爾首相，偕同各該國軍事與外交顧問人員，在北非舉行會議，業已完畢。茲發表概括之聲明如下：

「三國軍事方面人員，關於今後對日作戰計畫，已獲得一致意見。我三大盟國決心以不鬆弛之壓力，從海、陸、空各方面，加諸殘暴之敵人。此項壓力已經在增長之中。

我三大盟國此次進行戰爭之目的，在於制止及懲罰日本之侵略。三國決不為自己圖利，亦無拓展領土之意思。三國之宗旨，在剝奪日本自從一九一四年第一次世界大戰開始後在太平洋上所奪得或佔領之一切島嶼。在使日本所竊取於中國之領土，例如東北四省、臺灣、澎湖群島等，歸還中華民國。其他日本以武力或貪慾所攫取之土地，亦務將日本驅逐出境。我三大盟國稔知朝鮮人民所受之奴隸待遇，決定在相當時期，使朝鮮自由與獨立。

根據以上所認定之各項目標，並與其他對日作戰之聯合國目標一致，我三大盟國將堅忍進行其重大而長期之戰爭，以獲得日本之無條件投降。」

——錄自總統府機要檔案；轉引自秦孝儀主編，《光復台灣之籌劃與受降接收》（台北：中國國民黨中央委員會黨史委員會，一九九〇年十月）。

附錄二

波茨坦宣言

——民國三十四年七月二十六日

一、余等美國總統，中國國民政府主席，及英國首相，代表余等億萬國民，業經會商並同意，對日本應予以一機會，以結束此次戰爭。

二、美國，英帝國及中國之龐大陸海空部隊，業已增強多倍，其由西方調來之軍隊及空軍，即將予日本以最後之打擊，此項武力，受所有聯合國之支持及鼓勵，對日作戰，不至其停止抵抗不止。

三、德國無效果及無意識抵抗全世界所有之自由人之力量，所得之結果，彰彰在前，可為日本人民之殷鑒，此種力量，當其對付抵抗之納粹時，不得不將德國人民全體之土地工業及其生活方式摧殘殆盡，但現在集中對付日本之力量則較之更為龐大，不可衡量，吾等之軍力，加以吾人之堅決意志為後盾，若予以全部實施，必將使日本軍隊完全毀滅，無可逃避，而日本之本土，亦終將全部摧毀。

四、現時業已到來，日本必須決定是否仍將繼續受其一意孤行，計算錯誤，使日本帝國，已陷於完全毀滅之境之軍人統制，抑或走向理智之路。

五、以下為吾人之條件，吾人決不更改，亦無其他另一方式，猶豫遲延，更為吾人所不容許。

六、欺騙及錯誤領導日本人民，使其妄欲侵服世界者之威權及勢力，必須永久剷除，蓋吾人堅持，非負責之窮兵黷武主義驅出世界，則和平安全及正義新秩序，勢不可能。

七、新秩序成立時，及直至日本製造爭戰之力量業已毀滅，有確實可信之證據時。日本領土經盟國之指定必須佔領，俾吾人在此陳述之基本目的，得以完成。

八、開羅宣言之條件，必將實施，而日本之主權必將限於本州、北海道、九州、四國，及吾人所決定其他小島之內。

九、日本軍隊在完全解除武裝以後，將被允許返其家鄉，得有和平及生產生活之機會。

十、吾人無意奴役日本民族，或消滅其國家，但對於戰罪人犯，包括虐待吾人俘虜者在內，將處以法律之裁判，日本政府必須將阻止日本人民民主趨勢之復興及增強之所有障礙，予以消除，言論宗教及思想自由，以及對於基本人權之重視，必須成立。

十一、日本將被許維持其經濟所必需及可以償付貨物賠款之工業，但可以使其重新武裝作戰之工業，不在其內，爲此目的，可准其獲得原料，以別於統制原料，日本最後參加國際貿易關係，當可准許。

十二、上述目的達到，仍依據日本人民自由表示之意志，成立一傾向和平及負責之政府後，同盟國佔領軍隊當即撤退。

十三、吾人警告日本政府，立即宣布所有日本武裝部隊，無條件投降，並對此種行動有意實行，予以適當之各項保證，除此一途，日本即將迅速完全毀滅。

——錄自中華民國外交問題研究會編印，《中日外交史料叢編》，第七編，《日本投降與我國對日態度及對俄交涉》，頁二——三。轉引自秦孝儀主編，《光復台灣之籌劃與受降接收》。

附錄三

日本政府接受波茨坦宣言建議書

——一九四五年八月十日

日本天皇，始終謀求世界和平，戰爭早日結束，免除人類慘禍。帝國政府，於數週前已奉旨託當時仍為中立國之蘇聯政府，斡旋恢復和平，不幸此項努力，未獲結果。現帝國政府，遵照天皇陛下從速恢復和平之指示，決定儘速結束戰爭，因作如下建議：

帝國政府，茲願接受一九四五年七月廿六日之波茨坦宣言。此項宣言，係由中美英三國政府領袖發表，後經蘇聯政府參加者。惟帝國政府，認為該宣言不包括改變天皇統治國家大權之要求。帝國政府相信上項解釋正確，希望貴方迅速表示對此事之明確意向。

——錄自重光葵著、宓汝卓譯，《昭和之動亂》（台北：中華日報社出版，一九五二年十月）。

附錄四

關於接受波茨坦宣言日本政府對四強之通知

——一九四五年八月十四日

對於八月十日帝國政府，接受波茨坦宣言之建議書，八月十一日經由美國貝納斯國務卿所發表之中美英蘇四國政府答覆。帝國政府敬已知悉。茲謹通告上述四國政府：

一、天皇陛下即頒發詔書，接受波茨坦宣言所列各條款。

二、天皇陛下，付與其政府及大本營，為實施波茨坦宣言諸規定所需之權限。陛下即令日本陸海空軍，終止戰鬥行為，呈繳武器，並遵守為實施上述各條項聯合國司令官所發之各項命令。

——錄自重光葵著、宓汝卓譯，《昭和之動亂》（台北：中華日報社出版，一九五二年十月）。

附錄五

降書（日本對盟國之降書）

吾等奉令代表日本天皇，日本國政府及日本帝國大本營，接受美利堅合眾國中華民國及大英聯合王國政府領袖，一九四五年七月廿六日在波茨坦所發宣言諸條款。該宣言旋經蘇維埃社會主義共和國聯邦參加。以下稱上述四國為聯合國。

吾等宣布，日本帝國大本營所屬之各地日本軍隊，暨在日本國控制下之所有軍隊，向聯合國無條件投降。吾等命令在各地之所有日本國軍隊，及日本國臣民，終止敵對行為，保存船隻、飛機，及非軍用財產，防止毀損，並令日本政府各機關，履行聯合國最高司令官或根據其指示，所頒發之各項要求。

大本營應立即向一切日本國軍隊及日本國所控制之一切軍隊指揮官（無論現在何地）本身及其所屬一切軍隊，著即無條件投降。

吾等命令所有官廳，陸海軍人員，遵守並履行聯合國最高司令官，爲受降所發出或根據其委任所發出之一切布告，命令及指示。並令該等人員繼續留在各自崗位，執行其非戰鬥任務，以至聯合國司令官解除其任務爲止。

吾等即發布命令，要求各級人員，誠實履行波茨坦宣言各條項，爲實施該宣言，聯合國代表所要求之各條款。並約定天皇，日本國政府及其繼任者，同樣採取此項措施。

吾等代表日本帝國政府及日本帝國大本營，承諾即時釋放現在日本國控制下之所有聯合國俘虜，及被拘留者。並對之加以保護，供給給養，立即送至指定地點。

天皇及日本國政府之統治權限，爲實施受降條款，採取措施時，置於聯合國最高司令官限制之下。

一九四五年九月二日上午九時四分，於日本國東京灣上簽署。

奉大日本帝國天皇陛下及日本國政府命令並以其名義。

重光　葵

奉日本帝國大本營命令並以其名義。

梅津美治郎

一九四五年九月二日上午九時八分，於東京灣上，爲美利堅合眾國，中華民國，大英聯合王國及蘇維埃社會主義共和國聯邦，暨與日本處於交戰狀態之其他聯合諸國利益，接受上項降書。

聯合國最高司令官麥克阿瑟等簽署

——錄自重光葵著、密汝卓譯，《昭和之動亂》（台北：中華日報社出版，一九五二年十月）。

附錄六

降書（日本對中國之降書）

一、日本帝國政府及日本帝國大本營，已向聯合國最高統帥無條件投降。

二、聯合國最高統帥第一號命令規定「在中華民國（東三省除外）台灣與越南北緯十六度以北地區內之日本全部陸海空軍與輔助部隊，應向　蔣委員長投降。」

三、吾等在上述區域內之全部日本陸海空軍及輔助部隊之將領，願率領所屬部隊向　蔣委員長無條件投降。

四、本官當立即命令所有上第二款所述區域內之全部日本陸海空軍各級指揮官及其所屬部隊與所控

制之部隊向　蔣委員長特派受降代表中國戰區中國陸軍總司令何應欽上將及何應欽上將指定之各地區受降主官投降。

五、投降之全部日本陸海空軍立即停止敵對行爲，暫留原地待命，所有武器彈藥裝具器材補給品情報資料地圖文獻檔案，及其他一切資產等當暫時保管，所有航空器及飛行場一切設備，艦艇舊船車輛碼頭工廠倉庫，及一切建築物以及現在上第二款所述地區內日本陸海空軍或其控制之部隊，所有或所控制之軍用或民用材產，亦均保持完整，全部待繳於　蔣委員長及其代表何應欽上將所指定之部隊長及政府機關代表接收。

六、上第二款所述區域內日本陸海空軍所俘聯合國戰俘及拘留之人民立予釋放，並保護送至指定地點。

七、自此以後，所有上第二款所述區域內之日本陸海空軍，當即服從　蔣委員長之節制，並接受　蔣委員長及其代表何應欽上將所頒發之命令。

八、本官對本降書所列各款及　蔣委員長與其代表何應欽上將，以後對投降日軍所頒發之命令，當立即對各級軍官及士兵轉達遵照。上第二款所述地區之所有日本官佐士兵均須負有完全履行此類命令之責。

九、投降之日本陸海空軍中任何人員，對於本降書所列各款及　蔣委員長與其代表何應欽上將嗣後所授之命令，倘有未能履行或遲延情事，各級負責官長及違犯命令者願受懲罰。

奉日本帝國政府及日本帝國大本營命，簽字人中國派遣軍總司令官陸軍大將岡村寧次
昭和二十年（公曆一九四五年）九月九日午前九時〇分，簽字於中華民國南京。
代表中華民國，美利堅合眾國，大不列顛聯合王國，蘇維埃社會主義共和國聯邦，並為對日本
作戰之其他聯合國之利益，接受本降書於中華民國三十四年（公曆一九四五年）九月九日午前
九時〇分，在中華民國南京。
中國戰區最高統帥特級上將　蔣中正特派代表中國陸軍總司令陸軍一級上將何應欽

——錄自中國陸軍總司令部編，《中國戰區中國陸軍總部處理日本投降文件彙編》上卷（一九四五年十月）。

附錄七

中國戰區最高統帥蔣中正下達岡村寧次第一號命令

——民國三十四年九月九日

一、根據日本帝國政府、日本帝國大本營，向聯合國最高統帥之降書，及聯合國最高統帥對日本帝國所下之第一號命令，茲對中國戰區內中華民國（遼寧、吉林、黑龍江三省除外）、臺灣以及

越南北緯十六度以北地區之日本陸海空軍，頒布本命令。

二、貴官應對上述區域內投降之日本陸海空軍各地區司令官，及其所屬部隊，發布下列命令，並保證其完全遵行。

（甲）日本帝國政府及日本帝國大本營，已令日本陸海空軍全部向聯合國作無條件之投降。

（乙）在中國境內（遼寧、吉林、黑龍江三省除外）、臺灣以及越南北緯十六度以北地區，所有一切日本陸海空軍及輔助部隊向本委員長無條件投降。凡此投降之日本部隊，悉受本委員長之節制，其行動須受本委員長或中國陸軍總司令陸軍一級上將何應欽之指揮，且祇能服從本委員長或何應欽上將所直接頒發或核准之命令及告諭，或日本軍官遵照本委員長或何應欽上將訓令而發之命令。

（丙）投降之日本陸海空軍，即停止一切之敵對行爲，暫留原地，靜待命令，以所有一切武器、彈藥、裝具、器材、物資、交通、通信，及其他作戰有關之工具案卷，及一切屬於日本陸海空軍之資產等，予以暫時保管，不加損壞，待命繳納於本委員長或何應欽上將所指定之部隊長官或政府機關之代表。

（丁）凡在上述區域，所有日軍之航空器、艦艇及船舶，除本委員長於第一號告諭中所宣示者外，其他一律恢復非動員狀態，停留現地，不得加以損壞，船艦上、飛機上有爆炸物品者，須立即將爆炸物品移入安全倉庫。

（戊）日本部隊及附屬部隊之軍官，須保證所屬嚴守紀律及秩序，且須負責嚴密監視其部下，不得有傷害及騷擾人民，並劫掠或毀損有關文化之公私文物，及一切公私資產。

（己）關於日方或日方控制區所拘禁之聯合國戰俘及人民，應如下之處置：

1. 聯合國戰俘及被拘人民，在本委員長或本委員長之代表何應欽上將接收以前，必須妥慎照護，並充分供給其衣食住及醫藥等。

2. 按照本委員長或本委員長之代表何應上將之命令，將戰俘及被拘禁之平民，送至安全地區，聽候接收。

3. 凡拘禁聯合國戰俘及平民之集中營，或其他建築，連同其中所有器材、倉庫、案卷、武器及彈藥，須聽候本委員長之代表何應欽上將與其指定之代表派員接收，在所派接收人員到達前，各集中營之戰俘或被拘平民，應由其中資深官長或彼等自選之代表，自行管理之。

4. 凡向本委員長投降之日本陸海空軍各級司令部，在接到命令所限定之時間內，須將有關戰俘及被拘平民之詳情及地點，列具完備之報告。

（庚）除另有命令外，凡向本委員長投降之日軍，應繼續供給其所屬軍民衣食及醫藥物品。

（辛）日軍及日軍控制區之軍政當局，須保證下列各事：

1. 按照本委員長或本委員長之代表何應欽上將之命令，掃除一切日方所敷設之地雷、水雷，及其他陸海空交通之障礙物，在此項工作進行中，其安全通道，應予標明。

2. 對於航行方面之一切輔助工作，須立即恢復。

3. 一切陸海空交通及運輸方面之器材與設備，須保持完好。

4. 一切軍事設備及建築，包括陸海軍航空基地、防空基地、海港、軍港、軍火庫及各種倉庫，永久及臨時陸上及海岸防禦工事要塞及其他設防區域，連同上述各種建築及設備之計畫與圖樣，須保持完好，並須將一切工廠、工場、研究所、試驗所、實驗室、試驗站、技術資料、專利品、計畫、圖樣，以及一切製造或發明，直接間接便利作戰所用之其他物品，或與作戰有關之軍事組織所用，或意欲運用之物品，保持完好。

（壬）凡一切武器軍火、作戰、器材之製造及分配，立即停止。

三、凡向本委員長投降，而在中國、臺灣（含澎湖列島）及越南日軍司令部，在接到此項命令後，須即將各該區有關下列各項之資料，向中國陸軍總司令何應欽上將提出報告。

（甲）一切陸海空及防空部隊圖表、冊籍，須表明其所在地，及官兵之實力（含人馬、械彈、裝具、器材等）。

（乙）一切陸海軍用及民用飛機、圖表、冊籍，須完全報告其數量、型式、性能、駐地及狀況。

（丙）日軍及日軍控制下之一切海軍船隻，包括水面、水中及其他輔助船隻，不論現役退役，及在建造中者，均須以圖表、冊籍報告其位置及情況。

（丁）日軍控制下之商輪，在一百噸以上，不論現役退役，及正在建造之中或過去屬於任何聯合國，而目前在日方手中者，均須列具圖表、冊籍說明其位置及情形。

（戊）擬具詳細及完備之報告，連同地圖標明布有地雷或水雷及其他海陸空交通障礙物之地點，同時須指定安全通道之所在。

（己）凡一切日本方面所管理，或直接間接利用之工廠、修理廠、研究機關、實驗室、試驗站、技術資料、專利設計圖樣及一切軍用或間接欲為軍用之一切發明、設計、圖樣、生產品，及為此項生產而行之設施，其地點及其詳情皆須報告。

（庚）凡一切軍事設施及建築，包括飛機場、海軍航空基地、海港及軍港、軍火庫，永久及臨時之陸上及海岸防禦工事要塞，及其他設防區之地位及詳情，亦須報告。

（辛）並須按照第二款己項之規定，報告一切拘禁聯合國戰俘及平民集中營，或此類建築之地點及其他有關情況。

四、向本委員長投降之各地日軍司令部，須遵照各區受降主官之命，報告各該區日僑之姓名、住址，並收繳日僑所有之一切武器。通知全體日僑，在本委員長之代表何應欽上將所指定之官吏，未發布處置該日僑命令以前，須留在其現住地，不得離開。

五、日軍及日軍控制下之一切軍政官員，須協助本委員長之代表何應欽上將所指定之軍隊，收復臺灣（含澎湖列島）、越南北緯十六度以北地區，及中華民國境內各日本軍佔領區。

六、本命令所規定之各項，及本委員長之代表何應欽上將嗣後所發布之命令，日軍及日軍控制下之一切文武官員及人民，須立即敬謹服從，對於本命令或此後之命令所規定之各項，倘有遲延或不能施行，或經本委員長或何應欽上將認為有妨礙盟軍情事，將立即嚴懲違犯者及其負責之軍官。

右令

駐華日軍最高指揮官陸軍大將岡村寧次

中國戰區最高統帥特級上將蔣中正

——錄自總統府機要檔案；轉引自秦孝儀主編，《光復台灣之籌劃與受降接收》（台北：中國國民黨中央委員會黨史委員會，一九九〇年十月）。

附錄八

中國戰區臺灣省警備總司令部備忘錄

臺軍字第一號

日　期：中華民國三十四年十月五日

致　：臺灣日本第十方面軍司令安藤利吉將軍

由　：中國戰區臺灣省警備總司令部

一、本人以中國戰區臺灣省警備總司令地位，奉中國陸軍總司令一級上將何應欽，轉奉中國戰區最高統帥特級上將蔣之命令，接受在臺灣省（含澎湖列島，下同）日本高級指揮官，及其全部陸海空軍與其輔助部隊之投降。

二、日本駐臺灣省第十方面軍司令官安藤利吉將軍，自接受本備忘錄之日起，應立即執行本總司令之一切規定，並應由安藤利吉將軍負責指揮該區日軍之投降事宜。

三、安藤利吉將軍於接受本備忘錄後，關於下列事項，應立即對臺灣省地區之日本陸海空軍下達必要之命令。

（一）對本總司令所指揮之部隊，及盟國官員，不得有任何敵對行爲。

（二）駐臺灣之日本陸海空軍，不得向非本總司令所指揮之任何部隊投降，並應在現地聽候本總司令命令。

（三）駐臺灣省日本陸海空軍，所有武器、器材、船艦、車輛及一切交通通信設施、飛行場、海港、應保存完好並應以聯隊（獨立大隊中隊）爲單位，收存保管聽候本總司令命令呈繳，不得有藏匿遺棄及毀損之行爲。

（四）臺灣附近海上及陸地障礙物，均須於本年十月十五日以前，清掃完畢。

（五）所有在臺灣地區，尙未釋放之盟國戰俘，應即造冊報告，恢復自由，妥爲招待及保護，聽候本總司令規定送達指定地點。

本部前進指揮所。

四、安藤利吉將軍，於接到本備忘錄後，應即忠實迅速調製並辦理下列各事項，限五日內完成送交

（一）臺灣（含澎湖，下同）全部二十萬分一及五萬分一軍用地圖各二十份，所有各種比例尺、軍用地圖，亦應列製清冊二份準備移交。

（二）臺灣全部兵要地誌及附圖各二十份。

（三）臺灣全部日軍之兵力配備要圖（含陣地編成及強度與防守計劃），指揮系統大隊長（獨立中隊）以上各級主官及各級司令部職員之姓名出身經歷表冊各二份。

（四）臺灣全部日軍人馬武器彈藥裝備車輛分類數目表冊（大隊及獨立中隊以上爲單位）各二份。

（五）臺灣各要塞詳圖及說明書表（含武裝設備）各二份。

（六）臺灣全部交通網狀況圖（含公路鐵路郵航線路），及現存交通工具種數廠站設備與材料等表冊說明書各二份。

（七）臺灣全部通信連絡圖表，及現在通信器材種數表冊各二份。

（八）日軍在臺灣所有一切軍事、教育設備、器材、書籍等，圖表清冊各二份。

（九）臺灣日軍被服、糧秣、燃料、彈藥等之補給系統方法，及現品分存位置圖表各二份。

（十）臺灣日本空軍現有飛機油彈，與配件等種數位置，軍用飛行場站及修造廠之位置設備圖表說明各二份。

（十一）日本政府在臺灣所有各種工廠建築物之位置、種數、工人數目，與生產能力一切管理經營情形說明圖表各二份。

（十二）臺灣陸地上，於作戰期間所設置，各種障礙物之位置、種數及效能說明圖表，與清掃概況說明各二份。

（十三）日本政府在臺灣現存軍用物資種數及貯存位置、分布情形圖表說明各二份。

（十四）臺灣海圖（包括臺灣各港間及臺灣各港通他港間之總圖分圖並臺灣各港之詳圖另附武裝設備說明）並與航行有關之書表（如臺灣沿海潮汐書等）各二份。

（十五）臺灣沿海水雷敷設圖（包括雷區所在水雷種數、敷設線、水雷性能、當時如何敷設以及敷設深度等）及水中障礙物沉設圖（包括沉置所在及材料種數）並上列區域內各種障礙物之清掃情形說明各二份。

（十六）臺灣現有各艦艇船舶等之駐泊圖並說明（包括噸位、船齡、性能、各項設備、武裝設備，並各艦艇長、輪機長及船舶長管輪者之姓名）各二份。

（十七）以上各艦艇船舶現存料件（包括燃料、滑油、彈藥、五金、材料、糧食、藥品，航行所用圖書、旗幟、燈具、航海與輪機之航海日記簿等）清冊各二份。

（十八）馬公要港司令，及其他沿海或內地港塞海軍指揮部最近職員錄各二份。

（十九）臺灣各港海軍工廠（包括軍械修造及艦艇船舶修造）位置圖附說明書（包括設備能力及餘存備用材料）各二份。

（二十）臺灣各港海軍倉庫圖及庫存器材清冊各二份。

（二十一）臺灣各港信號臺所在圖附設備說明及旗幟燈具等清冊各二份。

（二十二）臺灣要塞及各海港碼頭位置及設備圖表說明各二份。

（二十三）臺灣水道測量工作概況說明各二份。

（二十四）臺灣所有陸地及海港各種軍事及一般設備於戰爭前後一切損毀情形圖表（須註明損毀年月日及原因）各二份。

五、為監視日方執行余之一切命令及規定，與確保雙方之連繫，並為準備接收之進行便利與迅速起見，特派臺灣省行政長官公署秘書長葛敬恩中將及本部副參謀長范誦堯少將，分任前進指揮所正、副主任，並率領所要人員，先至臺北設置本部前進指揮所，希即為準備一切，並應妥為保護及予以各種便利，對其所轉達本總司令之一切命令與規定或有何要求時，均應迅速照辦。

六、投降實施正式手續，及時間與地點另行通知。

中國戰區臺灣省警備總司令陸軍上將　陳　儀

本備忘錄由本部前進指揮所主任葛敬恩中將轉交安藤利吉將軍或其代表。

——錄自《臺灣警備總部接收總報告書》，頁六—八；轉引自秦孝儀主編，《光復台灣之籌劃與受降接收》（台北：中國國民黨中央委員會黨史委員會，一九九○年十月）。

附錄九
行政長官致日方代表第一號命令

一、日本駐華派遣軍總司令官岡村寧次大將，已遵日本帝國政府及日本帝國大本營之命令，率領在中國（東三省除外）、越南北緯十六度以北，及臺灣、澎湖列島之日本陸海空軍於中華民國三十四年九月九日，在南京簽具降書，向中國戰區最高統帥特級上將蔣中正特派代表、中國陸軍總司令一級上將何應欽無條件投降。

二、遵照中國戰區最高統帥兼中華民國國民政府主席蔣及何總司令命令，及何總司令致岡村寧次大將中字各項備忘錄，指定本官及本官所指定之部隊及行政人員，接受臺灣、澎湖列島地區日本陸海空軍，及其輔助部隊之投降，並接收臺灣、澎湖列島之領土、人民、治權、軍政設施及資產。

三、貴官自接奉本命令之後，所有臺灣總督及第十方面軍司令官等職銜一律取消，即改稱「臺灣地區日本官兵善後連絡部長」，受本官之指揮，對所屬行政軍事等一切機關部隊人員，除傳達本官之命令、訓令規定指示外，不得發布任何命令。貴屬對本官所指定之部隊長官，及接收官員，亦僅能執行傳達其命令、規定、指示，不得擅自處理一切。

四、自受令之日起，貴官本身，並通飭所屬一切行政、軍事等機關部隊人員，立即開始迅速準備隨時候令交代。倘發現有報告不實及盜賣、隱匿、損毀、沉滅移交之物資和文件者，決予究辦治罪。

五、以前發致貴官之各號備忘錄及前進指揮所葛敬恩主任所發之文件，統作為本官之命令，須確實遵行，併飭屬一體確實遵行。

——錄自台灣省文獻會編，《台灣省通志》卷十《光復志》（台北：眾文圖書有限公司，一九八〇年四月再版）。

附錄十
受降典禮後行政長官陳儀廣播詞

本人奉中國陸軍總司令何轉奉中國戰區最高統帥蔣之命令，為臺灣受降主管。此次受降典禮，經於中華民國三十四年十月二十五日上午十時，在臺北市中山堂舉行，均已順利完成。從今天起，臺灣及澎湖列島，已正式重入中國版圖，所有一切土地、人民、政事皆已置於中華民國國民政府主權之下，這種具有歷史意義的事實，本人特報告給中國全體同胞，及全世界週知。現在臺灣業已光復，我們應該感謝歷來為光復臺灣而犧牲的革命先烈，及此次抗戰的將士，並應感謝協助我們光復臺灣的同盟國家，而尤應該教我們衷心銘感不忘的，是創導中國國民革命運動的　國父孫先生，及繼承　國父遺志，完成革命大業的蔣主席。

——錄自台灣省文獻會編，《台灣省通志》卷十《光復志》（台北：眾文圖書有限公司，一九八〇年四月再版）。

附錄十一

臺灣接管計劃綱要

——民國三十四年三月十四日侍秦字一五四九三號

總裁（卅四）寅元侍代電修正核定

第一 通 則

一、臺灣接管後一切設施，以實行國父遺教、秉承總裁訓示，力謀臺民福利，鏟除敵人勢力為目的。

二、接管後之政治設施：消極方面，當注意掃除敵國勢力，肅清反叛，革除舊染（如壓制、腐敗、貪汙、苛稅、酷刑等惡政及吸鴉片等惡習），安定秩序；積極方面，當注重強化行政機關，增強工作效率，預備實施憲政，建立民權基礎。

三、接管後之經濟措施：以根絕敵人對臺民之經濟榨取，維持原有生產能力，勿使停頓衰退為原則（其違法病民者除外），但其所得利益，應用以提高臺民生活。

四、接管後之文化設施：應增強民族意識，廓清奴化思想，普及教育機會，提高文化水準。

五、民國一切法令，均通用於臺灣，必要時得制頒暫行法規。日本佔領時代之法令，除壓榨、箝制臺民、牴觸三民主義及民國法令者應悉予廢止外，其餘暫行有效，視事實之需要，逐漸修訂之。

六、接管後之度量衡：應將臺民現用之敵國度量衡制，換算民國之市用制及標準制，布告周知，剋期實行，並限期禁用敵國之度量衡制。

七、接管後公文書、教科書及報紙，禁用日文。

八、地方政制：以臺灣爲省，接管時正式成立省政府。下設縣（市），就原有州、廳、支廳、郡、市改組之，街、庄改組爲鄉鎮，保甲暫仍其舊。

九、每接管一地，應儘先辦理左列各事：

（甲）接收當地官立公立各機關（包括行政、軍事、司法、教育、財政、金融、交通、工商、農林、漁牧、礦冶、衛生、水利、警察、救濟各部門），依照民國法令分別停辦改組或維持之；但法令無規定而事實有需要之機關，得暫仍其舊。

（乙）成立縣（市）政府，改組街庄爲鄉鎮。

（丙）成立國家銀行之分支行或地方銀行。

（丁）迅釋政治犯，清理獄囚。

（戊）廢除敵人對臺民之不良管制設施。

（己）表彰臺民革命忠烈事蹟。

（庚）嚴禁煙毒。

（辛）舉辦公教人員短期訓練，特別注重思想與生活。

十、各機關舊有人員，除敵國人民及有違法行爲者外，暫予留用（技術人員儘量留用，雇員必要時亦得暫行留用），待遇以照舊爲原則，一面依據法令原則實施訓練、考試及銓敘。

十一、接收各機關時，對於原有之檔案、圖書、賬表、房屋、器物、資產均應妥善保管整理或使用。

第二 內政

十二、接管後之省政府，應由中央政府以委託行使之方式，賦以較大之權力。

十三、臺灣原有之三廳，改稱爲縣，不變更其區域。原有之州（市），以人口（以十五萬左右爲原則）、面積、交通及原有市、郡、支廳疆界（以合二、三郡或市或支廳不變更原有疆界爲原則）爲標準，劃分爲若干縣（市），縣可分爲三等。街莊改組鄉鎮，其原有區域，亦暫不變更。地方山川之名稱，除紀念敵人或含有尊崇敵人之意義者，應予改變外，餘可照舊。

十四、縣（市）政府在接管後，省政府應賦以較大之權力。在穩定社會秩序，維持地方治安之範圍內，得作緊急措施。但應呈報省政府備案，並於地方秩序恢復後解除之。

十五、接管後，應積極推行地方自治。

十六、警察機關改組後，應注重警保組織，並加強其力量。對於敵國人民及臺民戶口之分布，須迅速調查登記。警察分配區域及戶政，在不牴觸法令範圍內，得暫時維持原狀。

十七、鴉片毒物之禁種、禁售、禁運、禁製、禁吸，接管後，須嚴厲執行，完全根絕。

十八、對於蕃族，應依據建國大綱第四條之原則扶植之，使能自決自治。

第三 外交

十九、涉外事件，以中央派員處理爲原則。

二十、敵國人民居留在臺者，依照「對於國內日本僑民處理原則」辦理。

第四 軍事

二十一、臺灣應分區駐紮相當部隊，以根絕敵國殘餘勢力。

二十二、軍港、要塞、營房、倉庫、兵工廠、飛機廠、造船廠及其他軍事設備、器械、原料，接管後應即加修整。

第五 財政

二十三、接管後，對於日本佔領時代之稅收及其他收入，除違法病民者應予廢止外，其餘均暫照舊徵收，逐漸整理改善之。專賣事業及國營事業亦同。

二十四、接管後之地方財政，中央須給予相當之補助。

二十五、接管後，暫不立預算，但應有收支報告。省政府應有緊急支付權，至會計、審計事項，應另定簡便之暫行辦法，俟秩序完全安定，成立正式預算。

第六 金 融

二十六、接管後，應由中央銀行發行印有臺灣地名之法幣，並規定其與日本佔領時代貨幣（以下簡稱舊幣）之兌換率及其期間。兌換期間，舊幣暫准流通，舊幣持有人應於期內按法定兌換率兌換法幣，逾期舊幣一概作廢。

二十七、敵人在臺發行之鈔票，應查明其發行額（以接管後若干日在該地市面流通者為限），酌量規定比價，以其全部準備金及財產充作償還基金，不足時應於戰後對敵國政府要求賠償。

二十八、在對敵媾和條約內，應明訂敵國政府對於臺灣各銀行及臺灣人民所負擔之債務，須負償還責任。

二十九、日本在臺所發行之公債、公司債等，我國政府於接管後停止募集，分別清理，並責由敵方償還之。

三十、接管後，如金融上有救濟之必要時，政府應予救濟。

三十一、日本在臺所設立之公私銀行及其他金融機關，我國政府接管臺灣後，先予以監督，暫令其繼續營業，一面調查情形，予以清理、調整及改組，必要時得令其停業。

第七　工礦商業

三十二、敵國人民在臺灣所有之工礦、交通、農林、漁牧、商業等公司之資產權益一律接收，分別予以清理、調整或改組，但在中國對日宣戰以後，其官有公有產業移轉爲日人私有者，得視同官產公產，予以沒收。

三十三、關於工礦商業之維持、恢復及開發所需資金，由四聯總處及省政府統籌貸放，物資人力亦應預先準備。

三十四、敵人對於臺之不良管制設施廢除後，其資產及所掌握之物資，應由省政府核定處理辦法。

三十五、關於工人福利之增進，應依照法令儘可能實施之。

三十六、恢復臺灣、內地及輸出入口貿易。對於輸出入，應加管制，並計劃增加土產銷路。

三十七、工礦商業之處理經營，以實現民生主義及實業計劃爲原則，配合國家建設計劃，求其合理發展。

三十八、戰前由盟國及中立國人民經營之工礦商業，應由政府與各國政府或其業主協商處理之。

三十九、各項產業之開發資金，歡迎友邦之投資，技術上亦與友邦充分之合作。

第八　教育文化

四十、接收後改組之學校，須於短期內開課。私立學校及私營文化事業，如在接管期間能遵守法令，准其繼續辦理；否則，接收、改組或停辦之。

四十一、學校接收後，應即實行左列各事：

（甲）課程及學校行政須照法令規定。

（乙）教科書用國定本或審定本。

四十二、師範學校接收改組後，應特別注重教師素質及教務訓育之改進。

四十三、國民教育及補習教育，應依照法令積極推行。

四十四、接管後，應確定國語普及計劃，限期逐步實施。中小學校以國語爲必修科，公教人員應首先遵用國語。各地方原設之日語講習所，應即改爲國語講習所，並先訓練國語師資。

四十五、各學校教員、社教機關人員及其他從事文化事業之人員，除敵國人民（但在專科以上之學校必要時得予留用）及有違法行爲者外，均予留用。但教員須舉行甄審，合格者給予證書。

四十六、各級學校、博物館、圖書館、廣播電臺、電影製片廠、放映場等之設置、地點與經費，接管後以不變動爲原則，但須按照分區設校及普及教育原則妥爲規劃。

四十七、日本佔領時強迫服兵役之臺籍學生，應依其志願與程度，予以復學或轉學之便利。其以公費資送國外之臺籍學生，得酌斟情形，使其繼續留學。

四十八、日本最近在各地設立之練成所，應一律解散。

四十九、派遣教育人員赴各省參觀，選派中等學校畢業學生入各省專科以上之學校肄業，並多聘請學者到臺講學。

五十、設置省訓練團、縣訓練所，分別訓練公教人員、技術人員及管理人員，並在各級學校開辦成人班、婦女班，普及國民訓練，以灌輸民族意識及本黨主義。

五十一、日本佔領時印行之書刊、電影片等，其有詆毀本國、本黨或曲解歷史者，概予銷燬。一面專設編譯機關，編輯教科、參考及必要之書籍圖表。

第九　交　通

五十二、接管後，各項交通事業（如鐵道、公路、水運、航空、郵電等），不論官營、公營、民營，應暫設一交通行政臨時總機關，統一指揮管理。

五十三、交通事業接收後，儘速恢復原狀，並須與各部門事業配合。

五十四、接管後必須補充之各種交通工具（如船舶、火車、汽車、飛機等）及器材，須預先估計、籌劃、租購或製造，尤宜注重海運工具。

五十五、接管後應分置鐵路、輕便鐵路、公路、電信、橋樑、飛機場等修復工程隊，及必要之護路警衛人員。

五十六、民營交通事業，應令繼續營業；其有產權糾紛者，由政府先行接管，依法解決。

五十七、凡公路運輸、水路運輸以及電話等器材工具之製造，可准民營者，由政府預先公布，加以保障獎勵。

第十 農業

五十八、敵國人民私有或與臺民合有之農林漁牧資產權益，一律接收，經調查後分別處理。

五十九、接管後，應特別注重保障農民、漁民利益，實施恢復耕作，貸給供應種籽、牲畜、農具，保護佃農各項。

六十、盟國或中立國人民在臺之工礦、交通、農林、漁牧、商業等公司之資產權益，應即予重新登記，分別處理。

第十一 社會

六十一、原有人民團體，接管後一律停止活動，俟舉辦調查登記後，依據法令及實際情況加以調整，必要時得解散或重行組織之。

六十二、調查人民生命財產之傷亡損失，加以救濟。其有革命忠烈事蹟者，應特予表彰，其因參加抗日戰役而傷亡之臺民，並應予以安置或撫卹。

六十三、農民復業所需農具、牧畜、種籽、肥料、資金等之救助，城鄉住宅之修復，應輔導人民組織合作社辦理，必要時得暫用查戶取保、墊發資金物料及其他方法辦理之。

六十四、日本佔領時代之合作組織，應予以登記，逐漸依法辦理。並輔導民眾組織各種合作社，協助救濟工作，承辦物品供銷。

六十五、日人佔領時代之社會福利設施應繼續辦理，並發展之。

六十六、臺灣之習俗禮節，應爲合理之調整。

六十七、關於救濟工作，應與國際善後總署及其他救濟行政機關密切聯繫，並以工賑、農賑爲主。

第十二 糧 食

六十八、糧食應專設機構管理之。

六十九、接管後糧食之調查、登記、運銷等，應依照法令，參酌當地實際情形，分別辦理。

七十、接管後如發生糧荒現象，應由省政府轉請中央救濟之。

第十三 司 法

七十一、接管後，除首先迅速釋放政治犯、清理獄囚外，並應將未終結之民刑案件，分別審結。

七十二、接管後，須成立司法事項之臨時研究機關，研究下列各問題：

（甲）各種法律適用問題。

（乙）因舊法廢止而發生之民刑案件糾紛處理問題。

（丙）其他有關司法問題。

七十三、接管後，應培養司法人員，並改善監獄及監犯待遇。

第十四　水　利

七十四、接管後水利工作，應以迅速修復已破壞之工程爲主。

七十五、臺民私有之水利權益，經調查無違法行爲者，仍准其繼續辦理。

第十五　衛　生

七十六、接管後之衛生行政工作，應注重左列各項：

（甲）維持原有醫療及有關衛生工作，使不停頓。

（乙）防止流行疫病，廣設臨時醫療機關。

（丙）補充藥品及衛生醫療器材。

七十七、培養衛生醫藥人員，除擴充充實高等醫藥教育外，並須辦理訓練班。

第十六　土　地

七十八、土地行政於接管後，由省政府設置機關管理之。

七十九、敵國人民私有之土地，應於接管臺灣後，調查其是否非法取得，分別收歸國有或發還臺籍原業主。

八十、前條規定以外之私有土地，其原有之土地權利憑證，在新憑證未頒發以前，經審查後，暫准有效，其權益尚未確定者，由地政機關分別查明處理之。

八十一、接管後，應即整理地籍（原有地籍、圖冊在未改訂以前暫行有效），如有散失，迅予補正。一面清理地權，調查地價，以爲實行平均地權之準備。

八十二、日本佔領時代之官有、公有土地及其應行歸公之土地，應於接管臺灣後，一律收歸國有，依照我國土地政策及法令分別處理。

——錄自中國國民黨中央黨史會庫藏史料；轉引自秦孝儀主編，《光復台灣之籌劃與受降接收》（台北：中國國民黨中央委員會黨史委員會，一九九〇年十月）。

附錄十二

臺灣省行政長官公署組織大綱

——民國三十四年九月二十一日行政院修訂

第一條　臺灣省行政長官隸屬於行政院，依據法令綜理臺灣全省政務。

第二條　行政長官於其職權範圍內，得發署令並得制定臺灣單行條例及規程。

第三條　行政長官得受中央委託辦理中央行政，對於在臺灣之中央各機關，有指揮監督之權。

第四條　臺灣省行政長官公署設左列各處：

一、秘書處

二、民政處

三、教育處

四、財政處

五、農林處

六、工礦處

七、交通處

八、警務處

九、會計處

第五條　行政長官公署必要時得設置專管機關或委員會，視其性質隸屬於行政長官或各處，其組織由行政長官定之。

第六條　行政長官公署置秘書長一人，輔佐行政長官綜理政務，並監督各處及其他專設機關事務。

第七條　行政長官公署會計處設會計長一人。各處設處長一人（必要時得設副處長一人），承行政長官之命綜理各該處事務，並指揮監督所轄機關事務及所屬職員。各處設主任秘書、秘書、科長、技正、技士、視察、技佐、科員、辦事員，承上官之命，分司事務，其員額另定之。

秘書長下設機要室、人事室，各設主任一人。

第八條　行政長官公署，設參事四人至八人。

第九條　行政長官公署得置顧問、參議、諮議等聘用人員。

第十條　本大綱自公布日施行。

——轉引自秦孝儀主編，《光復台灣之籌劃與受降接收》（台北：中國國民黨中央委員會黨史委員會，一九九〇年十月）。

附錄十三

十月二十四日陳儀抵台後機場致辭

各位同胞：我奉命為台灣省行政長官兼台灣警備總司令來台灣不期受了各位這樣的歡迎、實在感謝不已，今天要對各文武官員說幾句話，我今日來台灣，是要做一個台灣的服務員，不是要來做所謂「官」的，我在重慶的時候，同台灣的同胞吃過飯。當時對大家說過，就是第一不說謊話、第二是不怠慢、第三是公私要區別。凡文武官員對省民不說謊話，誠真為國家辦公，又不帶私情才好。又我們須要有三種精神，第一個是犧牲的精神，第二是愛國的精神，第三是負責的精神，要用這三個精神，才可以建設新台灣，今天受了諸位的歡迎，我是很感謝的。

——《民報》一九四五年十月廿五日

附錄十四

祖國軍來了

吳新榮

旗風飄城市，
鼓聲覆天地，
祖國軍來了！
來得何遲遲！
半世黑暗夜，
今始見朝曦。

大地歡聲高，
同胞意氣昂，
祖國軍來了！
來得何堂堂！
半世爲奴隸，

今而喜欲狂。

自恃黃帝裔，
又矜明朝節，
祖國軍來了！
來得何烈烈！
半世破衣冠，
今尙染碧血。

——《吳新榮全集》（台北：遠景出版社，一九八一）卷一，頁二五六—二五七

附錄十五

祝詞

林茂生

留學國內學友會告成，集於江山樓舉式發會，余蒙招待，以有先約，未獲親陪末席，殊深抱慊，因綴此數語，以代祝詞。

回憶三十年前，梁任公先生在此江山樓與我臺士人酬詠，梁氏詩中有句曰：「樽前相見難啼笑，華表歸來有是非。」可見當時祖國名士與我臺遺民樽前相見，欲啼不能，欲笑不得，何等感慨，何等不自由。而今日則不然，地猶是也，樓猶是也，而臨席之黃顧問、黃參謀、張上校，可以直接向我等被救還之六百萬遺民傳達祖國蔣主席以次同胞父老之雅懷。而我等亦可以表示思慕祖國之至誠。欲啼則啼，欲笑則笑，無所顧忌，無所拘束。此等幸福與歡喜，實吾人所夢想不到者。撫今追昔，能不慨然，任公有知，當亦含笑於地下歟！

雖然此種光復之幸福與歡喜，何由而得乎?郭沫若先生所謂「四萬萬人皆蹈厲，一心一德一戎衣，所造成之幸福也。八年鐵血之洗禮，一千萬人之犧牲，所購求之歡喜也。」凡我島內同胞，雖懦夫亦可不立志歟！

余謂，凡我同胞當此光復共慶之秋，當有三種大發見：其一則發見我是人，是自然之人。從來處於帝國主義之桎梏下，我不是人，不是自然之人。人有人格，人格是目的，而我輩對於帝國主義之國家，是一手段而已，非目的也。是一機械而已，無人格也。彼待我以機械，以手段，故我之人格，爲生存起見，不得不分裂，分裂便不是自然人，欲啼不能，欲啼不得，此也。不能講老實話亦此也。人有過去現在未來，而彼強我以忘卻過去拋卻父祖一切固有文化。言語也，習慣也，文字也，信教也，彼皆強我拋棄之，甚而至，母子不能通言語，父子不能通音信，祖宗之牌位亦不能立於正廳之中。父祖之籍貫姓氏亦不得繼承，舉一切過去而拋卻之，既無過去何有現在。何有於自然人。

今我不然，於光復聲中，舉凡過去所喪失之文化，同時璧返而復我自然人，此吾輩所宜手舞足蹈而感謝之一。

其二、即發見社會。人爲社會動物，五十年來，我輩無社會所有者，是對立之社會，分裂之社會，兩民族利害相反之社會，無社會正義之社會，強權第一之社會。今也，一民族，一語言，一歷史，利害共通同胞相助，此種社會方是真社會。而於光復聲中，復到吾輩對於此種發見，不可無認識與感謝。

第三、即發見國家。從來之所謂國家者，僞國家也；明知其僞，而不得不承認之，此島內同胞五十年來之忍所不可忍者。間或有竭慮殫精，苦心孤詣，而欲承認爲真者，無如今日肯定，明日即有否定之事實，發生心搖搖如懸旌，不知如何以行定止。今也復到我父祖五千年來之國家，復到存明抗清之鄭成功之國家，與四萬萬同胞同心同德，同一歷史，同一法制，同一語言，同一傳統之真國家，此亦吾人自茲以往，不得不鞠躬盡瘁，努力服務之真國家也。

留學國內學友會諸君，諸君已率先吸收祖國之空氣，親炙祖國之風土文物，當此同胞再教育之際，余甚望最親愛諸君，奮起直呼，爲民先鋒，以肩負先知先覺之責，則本島同胞之祖國精神化問題，不久當見解決，爰述所懷以爲祝。

——《前鋒》雜誌（一九四五年十月廿五日，台灣留學國內學友會出版）

主要參考文獻

一、報紙

《人民導報》。
《民報》。
《台灣新報》。
《台灣新生報》。

二、雜誌

《民生》。
《政經報》（一九四五年十月廿五日至一九四六年七月廿五日）。
《前鋒》（光復紀念號，一九四五年十月廿五日）。
《現代週刊》。
《新新》。

三、日文專書

小林英夫，《大東亞共榮圈の形成と崩壞》（東京：御茶の水書房，一九九二）。

井上清，《日本の歷史》下（東京：岩波書店，一九八五）。

日本大藏省管理局編，《日本人の海外活動に關する歷史的調查》第六—十卷（東京：ゆまに書房復刻出版，二〇〇一）。

日本外務省管理局總務部，《終戰時外地概況調查》（東京，一九四六）。

日本外務省管理局總務部南方課，《台灣關係》（東京，一九四六）。

日本外務省管理局總務部南方課，《台灣の現況》（東京，一九四六）。

台灣近現代史研究第四號《池田敏雄氏追悼紀念特集》（東京：綠蔭書房，一九八二）。

台灣協會編，《台灣引揚史——昭和二十年終戰記錄》（東京：台灣協會，一九八二）。

台灣總督府編，《台灣統治概要》（台北，一九四五）。

台灣總督府殘務整理事務所，《台灣統治終末報告書》（台北，一九四六）。

台灣總督府警務局，《大詔煥發後における島內治安狀況並警察措置》第一報—第三報（台北，一九四五年八月—九月）。

寺奧德三郎著，日本文教基會會編譯，《台灣特高警察物語》（台北：文英堂出版社，二〇〇〇）。

伊藤金次郎著，日本文教基金會編譯，《台灣不可欺記》（台北：文英堂出版社，二〇〇〇）。

伴二兵，《終炎》（東京：サイマル出版會，一九六九）。
松谷誠，《大東亞戰爭收拾の真相》（東京：芙蓉書房，一九八〇）。
重光葵著，宓汝卓譯，《昭和之動亂》（台北：中華日報社，一九五二）。
家永三郎，《太平洋戰爭》（東京：岩波書店，一九八三）。
宮沢繁，《台灣終戰祕史》（東京：いずみ出版會社，一九八四）。
鹽見俊二，《祕錄・終戰直後の台灣》（日本高知：高知新聞社，一九八〇）。
テイウィッド・バ—ガミニ著，いいだ・もも譯《隱された昭和史　天皇の陰謀　II》（東京：現代書林，一九八三）。

四、中文專書

《中華民國實錄》（長春：吉林人民出版社，一九九七）。
中國陸軍總司令部編，《中國戰區處理日本投降文件彙編》（一九四六年四月）。
台灣省文獻會主編，《台灣省通志》卷十《光復志》（台北：眾文圖書公司，一九八〇）。
汪彝定，《走過關鍵年代》（台北：商周文化，一九九一）。
沈雲龍主編，《林獻堂先生紀念集》（台北：文海出版社，一九七四年）。
李純青，《望鄉》（台北：人間出版社，一九九三）。

吳濁流，《無花果》（台北：前衛出版社，一九九三）。
孟廣利等選編，《老新聞——民國舊事（一九四四—一九四六）》（天津：天津人民出版社，一九九八）。
秦孝儀主編，《中國現代史史料叢書》一—四集（台北：中國國民黨黨史會，一九九〇）。
翁嘉禧，《台灣光復初期的經濟轉型與政策》（高雄：高雄復文出版社，一九九八）。
張良澤主編，《吳新榮全集》一、六、七卷（台北：遠景出版社，一九八一）。
陳正平著，《李友邦與台胞抗日》（台北：世界綜合出版社，二〇〇〇）。
陳逸松口述，林忠勝撰述，《陳逸松回憶錄》（台北：前衛出版社，一九九七）。
陳翠蓮，《派系鬥爭與權謀政治》（台北：時報文化出版社，一九九五）。
黃天才、黃肇珩合著，《勁寒梅香——辜振甫人生紀實》（台北：聯經出版公司，二〇〇五）。
黃朝琴，《我的回憶》（黃陳印蓮，一九八一）。
楊克林、曹紅編著，《不能忘記的抗戰》（上海畫報出版社，二〇〇五）。
楊克煌遺稿，《我的回憶》（台北：楊翠華，二〇〇五）。
楊國光，《一個台灣人的軌跡》（台北：人間出版社，二〇〇一）。
潘志奇，《光復初期台灣通貨膨脹的分析》（台北：聯經出版公司，一九八五）。
鄭梓，《戰後台灣的接收與重建》（台北：新化圖書公司，一九九四）。

劉進慶，《台灣戰後經濟分析》（台北：人間出版社，一九九二）。
蘇新，《憤怒的台灣》（台北：時報文化出版社，一九九四）。

1945破曉時刻的台灣：八月十五日後激動的一百天

2005年8月初版　　定價：新臺幣280元

著　　者　曾　健　民
發 行 人　林　載　爵

出　版　者　聯經出版事業股份有限公司
台北市忠孝東路四段555號
台北發行所地址：台北縣汐止市大同路一段367號
電話：(02)26418661
台北忠孝門市地址：台北市忠孝東路四段561號1-2樓
電話：(02)27683708
台北新生門市地址：台北市新生南路三段94號
電話：(02)23620308
台中門市地址：台中市健行路321號
台中分公司電話：(04)22312023
高雄辦事處地址：高雄市成功一路363號B1
電話：(07)2412802
郵政劃撥帳戶第0100559-3號
郵撥電話：26418662
印　刷　者　世和印製企業有限公司

叢書主編　方　清　河
助理編輯　周　欣　瑋
校　　對　陳　麗　華
封面設計　胡　筱　薇

行政院新聞局出版事業登記證局版臺業字第0130號

本書如有缺頁，破損，倒裝請寄回發行所更換。　　ISBN　957-08-2906-0（平裝）
聯經網址 http://www.linkingbooks.com.tw
信箱 e-mail:linking@udngroup.com

國家圖書館出版品預行編目資料

1945 破曉時刻的台灣：八月十五日後激動的一百天 / 曾健民著．--初版．
--臺北市：聯經，2005年（民94）
320面；14.8×21公分．

ISBN　957-08-2906-0(平裝)

1.台灣-歷史-光復以後（1945-　）

673.229　　94014428